写给**婚姻**的第一本法律常识

守护财产和爱的婚姻法则

吴绍媛 ◎著

民主与建设出版社
·北京·

© 民主与建设出版社，2023

图书在版编目（CIP）数据

写给婚姻的第一本法律常识／吴绍媛著 .-- 北京：民主与建设出版社，2023.6
ISBN 978-7-5139-4259-1

Ⅰ.①写… Ⅱ.①吴… Ⅲ.①婚姻法 - 基本知识 - 中国 Ⅳ.① D923.9

中国国家版本馆 CIP 数据核字（2023）第 111736 号

写给婚姻的第一本法律常识
XIE GEI HUNYIN DE DIYI BEN FALÜ CHANGSHI

著　　者	吴绍媛
责任编辑	刘树民
封面设计	末末美书
出版发行	民主与建设出版社有限责任公司
电　　话	（010）59417747　59419778
社　　址	北京市海淀区西三环中路 10 号望海楼 E 座 7 层
邮　　编	100142
印　　刷	三河市天润建兴印务有限公司
版　　次	2023 年 6 月第 1 版
印　　次	2023 年 8 月第 1 次印刷
开　　本	710 毫米 × 1000 毫米　1/16
印　　张	14
字　　数	149 千字
书　　号	ISBN 978-7-5139-4259-1
定　　价	52.00 元

注：如有印、装质量问题，请与出版社联系。

前　言

　　每个迈入婚姻或即将迈入婚姻的人，对于婚姻都有着美好的憧憬和向往。他们渴望着和爱人相濡以沫，渴望着子女健康成长、环绕膝下，渴望着满头白发时依旧能牵着爱人的手漫步……

　　然而，婚姻不仅仅是花前月下，经营婚姻也并不容易。生活琐事的繁杂枯燥、生活压力的接踵而来，伴随着利益不均、财产纷争、亲人疏离，甚至是家庭暴力和出轨，导致一些人的婚姻走到了尽头。有些人会选择和平分手、协议离婚，但更多的人却闹上法庭，为了财产、孩子、赡养等问题争得不可开交。

　　因此，婚姻关系需要爱的维持，也需要法律来调节和制约。无论是即将结婚的人，还是已经结婚多年的人，抑或是有离婚意愿的人，都需要学习法律知识，了解婚恋关系中涉及的法律法规。

本书既有生活案例又有法律法规条文，还有详尽的司法解释，全方位地呈现婚姻过程中涉及的各种法律问题，如婚姻无效、财产与债务、子女抚养、父母赡养、协议和诉讼离婚、再婚、收养以及继承，等等。

本书逻辑清晰，结合生动、有趣的漫画，深入浅出地解答了婚姻中存在的法律疑问，希望能给广大读者带来帮助。

目 录

第一篇
我们结婚吧：婚姻既要花前月下，又要明理知法

结婚应当以男女双方自愿为原则　\\ 002

以结婚为目的的赠与　\\ 004

无效婚姻，拿了结婚证也没有用　\\ 007

禁止结婚的亲属关系　\\ 009

同居，不受法律保护　\\ 012

结不成婚了，彩礼是否必须全部返还　\\ 015

嫁妆属于婚前财产还是婚后财产　\\ 017

婚前财产协议，到底签还是不签　\\ 019

丈夫隐瞒了重大疾病　\\ 021

婚房，首付谁出很重要　\\ 024

第二篇

财产与债务：婚姻中的爱情与面包

夫妻共同财产的认定 \\ 028

父母首付，夫妻还贷，房子到底归谁 \\ 030

妻子继承遗产，丈夫也有权利分割 \\ 032

丈夫给外遇对象买了房产 \\ 035

婚内也可 AA 制 \\ 037

夫妻个人债务与共同债务 \\ 039

假离婚，真逃债 \\ 042

夫妻之间的借与还 \\ 044

重婚导致的无效婚姻，财产如何处理 \\ 047

丈夫去世，妻子需要偿还共同债务 \\ 049

向非婚生子女支付抚养费，是否侵犯了夫妻共同财产权 \\ 051

家庭共有财产 \\ 054

第三篇

抚养与赡养：有权利，也有义务

子女可以随父姓，也可以随母姓 \\ 058

拒绝抚养子女，就等于遗弃 \\ 060

不做亲子鉴定，可以判断不存在亲子关系 \\ 063

离婚了，孩子到底归谁 \\ 065

再婚后，父亲拒绝支付孩子的抚养费 \\ 068

抚养费不等于生活费 \\ 070

孩子是外婆带大的，母亲有优先抚养权 \\ 072

抚养权也可以变更 \\ 075

父母一方不能私自给孩子改姓 \\ 077

一方生病，另一方也需尽扶养义务 \\ 080

断绝父子关系？法律不承认 \\ 082

儿媳是否有赡养公婆的义务 \\ 084

第四篇

协议离婚：保护自己的最大权益

签订离婚协议后与第三者交往，也算婚内出轨 \\ 088

"劝和不劝分"，离婚需要冷静期 \\ 090

离婚协议不能回避应尽义务 \\ 093

保证书到底有没有法律效力 \\ 095

家庭主妇不会"净身出户" \\ 097

婚前写的离婚协议是否有效 \\ 100

离婚时，生活困难一方可以要求经济帮助 \\ 102

事先约定无须支付抚养费，过后能否再起诉支付 \\ 105

协议离婚后，就反悔财产分割有什么条件 \\ 107

离婚协议中涉及的无效条款有哪些 \\ 110

第五篇

诉讼离婚：讲程序，也讲证据

分居两年，夫妻关系不会自动解除 \\ 114

提起离婚诉讼应注意哪些问题 \\ 116

提起离婚诉讼后，还可以撤诉 \\ 119

被家暴，一定要选择诉讼离婚 \\ 121

怀孕、分娩和终止妊娠期间的离婚程序 \\ 124

起诉重婚，证据非常重要 \\ 126

一方被监禁，另一方如何起诉离婚 \\ 129

第一次起诉离婚被驳回，该怎么办 \\ 131

一方失踪了，另一方可以起诉离婚 \\ 133

离婚后，如何处理探视权 \\ 135

离婚案件的上诉和再审 \\ 138

第六篇

再婚和收养问题：重组家庭的烦恼

继子女也有赡养义务 \\ 142

老年人再婚，子女不能干涉 \\ 144

再婚双方的子女是否可以结婚 \\ 147

再婚遗产的分配与继承 \\ 149

未办复婚手续也可继承部分遗产 \\ 151

再婚后共同抚养一方子女，离婚后可否要回部分支出 \\ 154

已有子女，再收养孩子要符合条件 \\ 155

无配偶的男性，收养女孩有一定的限制 \\ 157

养子女不履行赡养义务，养父母可以要回收养支出 \\ 160

第七篇

其他财产的分割：多些理性，少些对抗

单位分的福利房算谁的 \\ 164

农村宅基地使用权的分割 \\ 166

登记在孩子名下的房产，夫妻离婚时如何分割 \\ 169

合伙企业中的夫妻财产，离婚时如何分割 \\ 172

以夫妻一方名义成立的独资企业，财产怎么分配 \\ 174

离婚时，基本养老金的分割 \\ 176

股票和股权，夫妻离婚时如何分割 \\ 179

没有指定受益人，保险金如何分割 \\ 181

丧葬费、抚恤金不是遗产 \\ 184

第八篇

遗产继承：爱的延续

非婚生子女也有继承权 \\ 188

代位继承：孙子代替父亲继承爷爷的遗产 \\ 190

爸爸的房子，为什么叔叔也有份 \\ 192

遗嘱继承优先于法定继承 \\ 195

多份遗嘱，到底以哪一份为准 \\ 197

丧偶儿媳照顾老人，理应继承其遗产 \\ 199

肚子里的胎儿，是否有继承权 \\ 201

没有法定继承人，遗产该怎么处理 \\ 204

口头遗嘱很容易被认定无效 \\ 206

接受或拒绝遗赠的表示 \\ 208

遗赠扶养协议：可否把遗产留给保姆 \\ 210

第一篇

我们结婚吧：婚姻既要花前月下，
又要明理知法

结婚应当以男女双方自愿为原则

[导读] 结婚是以双方自愿为基础的，这是婚姻自由的具体体现。虽然现在包办婚姻的情况极少，但仍有一些父母打着"我是为了你好"的名义，强迫子女与自己不喜欢或者不熟悉的人结婚。父母的这种行为不仅侵害了当事人的合法权益，也违反了我国相关法律的规定。

生活中的故事：

七七大学毕业后在深圳打拼，通过个人的努力成为公司骨干，业绩突出，备受领导的欣赏。七七相信，不久的将来，自己就会在这一领域做出成绩，然后事业、家庭双丰收。

然而，父母并不赞成七七在大城市打拼，说女孩子应该追求安稳，最幸福的生活莫过于考上公务员，然后找个好老公，相夫教子就可以了。于是，每逢节假日，父母都会逼着七七回老家并给她安排相亲，目的就是想办法将七七留在他们身边。

过了两年后，妈妈见这样做的效果并不明显，便对七七谎称她爸爸得了重病，说："你爸爸希望你能回到我们身边，陪伴他度过最后的日子。"

在事业和亲情之间，七七选择了后者，立即辞职回到家乡。

七七刚回到家，爸爸就给七七介绍了朋友的儿子，还说："你要是不和他结婚，我就不治疗。""我最后的愿望，就是牵着你的手，看着你迈入婚姻的殿堂。"

七七只好选择妥协，与"男友"举行了订婚仪式。然而，订婚结束之后，七七才得知事情真相：爸爸根本没有得重病，只是身体有些不舒服住了几天院而已。七七愤怒地说："你们这是欺骗！"随后，她表示订婚仪式不算数，自己要再次回到深圳工作。

没想到，父母把七七关了起来，不让她外出。妈妈还软硬兼施，一会儿声泪俱下地劝说，一会儿声称"你不结婚，我就绝食……"。

最后，七七再次妥协，与"男友"领了结婚证。可是，她并不幸福，对婚姻生活充满了失望，时刻都想着脱离"绑架"的婚姻和父母的"禁锢"。

吴律师解读：

很明显，七七并不是自愿结婚，她先是遭到了父母的欺骗回到老家，后来是遭受了父母的胁迫而结婚。从法律角度来说，父母的做法干涉了七七的婚姻自由，属于包办婚姻。

《中华人民共和国民法典》（以下简称《民法典》）第一千零四十六条规定：**结婚应当男女双方完全自愿，禁止任何一方对另一方加以强迫，禁止任何组织或者个人加以干涉。**同时，《民法典》第一千零四十二条第一款规定：**禁止包办、买卖婚姻和其他干涉婚**

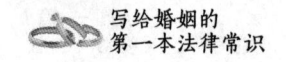

姻自由的行为。禁止借婚姻索取财务。

那么，现在七七遇到这种事情，应该怎么办呢？

其实，包办婚姻和受胁迫结婚都属于可撤销婚姻，当然，请求撤销婚姻是有条件限制的。《民法典》第一千零五十二条规定：**因胁迫结婚的，受胁迫的一方可以向人民法院请求撤销婚姻。**

请求撤销婚姻的，应当自胁迫行为终止之日起一年内提出。

被非法限制人身自由的当事人请求撤销婚姻的，应当自恢复人身自由之日起一年内提出。

所以，七七想要争取自己的婚姻自由和维护自己的合法权益，可以在结婚登记后一年内向法院提出撤销婚姻的请求。若是超过一年，只能选择协议离婚或者诉讼离婚。

以结婚为目的的赠与

[导读] 恋爱时，男方或女方通常会赠与对方一些礼物，尤其是谈婚论嫁时除了送彩礼外，还会送一些金银首饰、汽车、房产等。如果后来双方结婚未成，一方能不能要求对方返还些钱财呢？

生活中的故事：

周涵与女友李菲恋爱两年了，他们决定在国庆节期间领证结婚，然后去西藏旅行度蜜月。

为了让小两口婚后的日子过得轻松些，周涵父母出资为他们购买了一套房产，虽然面积不大，但是地理位置和环境都不错。当时，周涵父母觉得李菲从外地来到这里工作，没有亲人依靠，周家得好好对待人家，便在房产证上写了她的名字。

周涵父母对李菲说："这是我们送给你们的婚房，只要你们婚后幸福，我们就开心。"随后，周涵带着李菲买了一些金银首饰，还买了她最喜欢的MINI汽车。

两人都向往着美好的生活，但是现实却有各种变数。周涵和李菲因为某件事最后闹掰了，决定不结婚了，还迅速分了手。

关于送给李菲的这部分钱财，周涵提出自己的看法："那些金银首饰，我就送给你了，毕竟我们之间有这么多年的感情，我也对你有愧疚感。但是我父母买的房子、我买的汽车，你得还给我。"

李菲当场拒绝："房子和车子是你们送给我的，而且登记的都是我的名字，你凭什么要回去？"

周涵非常气愤地说："送给你房子和汽车，是因为我们要结婚了。现在你不和我结婚了，我为什么要平白无故地送给你？我们家里的钱也不是大风刮来的，你凭什么不还回来？"

李菲就是拒不归还，两人为此闹上了法庭。

吴律师解读：

结婚前，一方给另一方钱财或贵重物品如房产、汽车等，都属于婚前赠与财产行为。《民法典》第六百五十七条规定：**赠与合同是赠与人将自己的财产无偿给予受赠人，受赠人表示接受赠与的合同。**就是说，周涵父母在购房时将房产登记为李菲的名字且明确表示赠与，那么赠与即生效，财产的所有权即发生转移。

不过，赠与是可以附义务的，其法律依据为《民法典》第六百六十一条：**赠与可以附义务。**

赠与附义务的，受赠人应当按照约定履行义务。周涵一家送给李菲的金银首饰、房产和汽车是以结婚为目的的赠与，应当认定为附义务的赠与。

同时，《民法典》第六百六十五条规定：**撤销权人撤销赠与的，可以向受赠人请求返还赠与的财产。**从法律角度来说，赠与合同是可以附条件的，既可以附生效条件，也可以附解除条件——两人结婚，赠与合同成立；两人不结婚，周涵和父母就可以撤销赠与，要求李菲返还房产和汽车。

当然，房产和汽车登记的名字具有公示效力，在司法实践中，周涵需要拿出证据证明其赠与是附加条件的（以结婚为前提），同时证明购房款是父母支付的、购车款是自己支付的。

未婚男女应该增强法律意识：在赠与时，最好签订赠与协议且明确写入"结婚后，该赠与合同即生效"的条件，避免自己的合法权益受到侵害。

/第一篇/
我们结婚吧：婚姻既要花前月下，又要明理知法

无效婚姻，拿了结婚证也没有用

[**导读**] 结婚，就是两个相爱的人一起到民政局登记，一起走进婚姻殿堂，一起幸福地生活下去吗？

并不一定。结婚需要符合法定程序，否则就是无效婚姻。无效婚姻，是指因欠缺婚姻的成立条件，不具有法律效力的婚姻。

生活中的故事：

谢强和董丽因为网络游戏而结缘，从网恋发展成为现实中的恋爱，然后按照老家习俗举行了结婚仪式。

不久，两人准备到民政局办理结婚登记手续，但是董丽刚满十八岁，未到法定结婚年龄，不能领取结婚证。家人就托关系将董丽户口簿上的年龄改为二十周岁，两人成功领取了结婚证。

半年后，两人的感情出现问题，时常因为一些小事而争吵。后来，董丽发现谢强沾染上了不良嗜好，除了整天沉迷网络游戏外，还时常与一些不良社会人员喝酒、赌博，输光了她带来的彩礼钱。

董丽认为谢强不是过日子的好丈夫，便提出离婚。谢强拒绝离婚，也不愿意改正自己的行为，导致两人的关系越来越紧张。

董丽每天以泪洗面，不知道以后的日子要怎么过下去，便向高中同学诉苦。后来，高中同学为董丽介绍了一名律师，律师建议她以结婚时未到法定婚龄为由，要求法院判定婚姻无效。

董丽不解地问："我们已经领了结婚证，还能申请婚姻无效吗？"

吴律师解读：

董丽是可以向法院或者婚姻登记机构申请婚姻无效的，因为她在申请结婚登记时未达到法定结婚年龄。《民法典》第一千零四十七条规定：**结婚年龄，男不得早于二十二周岁，女不得早于二十周岁。**

虽然董丽通过关系修改户口簿上的年龄而领取了结婚证，但是她的实际年龄并未达到法定结婚年龄,这样的婚姻关系会被认定为无效。其法律依据为《民法典》第一千零五十一条:**有下列情形之一的,婚姻无效:(一)重婚;(二)有禁止结婚的亲属关系;(三)未到法定婚龄。**

这意味着一方未到法定婚龄的婚姻关系属于无效婚姻,自始就没有法律约束力,当事人不具有夫妻的权利和义务。董丽提出婚姻无效的申请,即便谢强不同意离婚,人民法院也会做出判决。

不过,需要注意申请婚姻无效也是有时间限制的。如果董丽在年满二十周岁后再申请法院判定婚姻无效,法院就不会支持她的请求了。

禁止结婚的亲属关系

[导读] 结婚,应当男女双方完全自愿,不允许一方对对方加以强迫或任何第三者加以干涉,也不能强迫男女双方不能结婚。不过,我国法律还规定,有禁止结婚的亲属关系的婚姻是无效的。在这种情况下,即便男女双方自愿结婚也不行。

那么,禁止结婚的亲属关系有哪些呢?

生活中的故事：

西西与男友小方是大学校友，两人一见钟情，感情越来越深厚，到了适婚年龄后便决定携手走进婚姻殿堂。与家长商议后，两人先领了结婚证，准备过段时间再回老家办婚礼。

为了表示对女方的尊重，小方父母特意来到西西的老家，按照西西老家的习俗上门提亲，并且商议婚礼庆典事宜。

其间，小方妈妈感觉西西老家有一种熟悉感，对西西家人也有一种莫名的亲切感。然后，有人说小方妈妈和西西爸爸长得有些像，好像是兄妹一样。再后来，证实了小方妈妈竟然是西西的姑姑，三岁时走丢被养父母收养。这样一来，西西和小方就属于三代以内的旁系血亲，是不能结婚的。

西西和小方知道事情的真相后，痛苦不已。两人真心相爱，但是又知道表兄妹是不能结婚的，两人的婚姻关系不仅不合法，而且近亲结婚对下一代的健康风险非常大。

最终，理智战胜了感情，西西和小方向婚姻登记机关申请婚姻无效，从此两人以兄妹关系来往。

吴律师解读：

《民法典》第一千零四十五条规定：**亲属包括配偶、血亲和姻亲。配偶、父母、子女、兄弟姐妹、祖父母、外祖父母、孙子女、**

外孙子女为近亲属。

配偶、父母、子女和其他共同生活的近亲属为家庭成员。

《民法典》第一千零四十八条规定：**直系血亲或者三代以内的旁系血亲禁止结婚。**

根据以上法律规定，我国禁止结婚的血亲范围可以分为两大类：

一类是直系血亲，即父母和子女之间，祖父母、外祖父母和孙子女、外孙子女之间，曾祖父母、外曾祖父母和曾孙子女、外曾孙子女之间。

另一类是三代以内的旁系血亲，即兄弟姐妹之间、堂兄弟姐妹之间、表兄弟姐妹之间、叔伯与侄女之间、姑妈与侄子之间、舅父与外甥女之间、姨妈与外甥之间。

案例中，西西的爸爸和小方的妈妈是亲兄妹，那西西和小方就是表兄妹的关系，属于三代以内的旁系血亲，其婚姻关系是典型的近亲结婚，体现在法律上是婚姻无效。

事实上，我国法律之所以禁止旁系亲属结婚，一是因为近亲结婚有悖伦理，容易造成亲属身份和继承上的混乱；二是出于优生的考虑，如果夫妻血缘太近，容易导致下一代出现各种疾病。

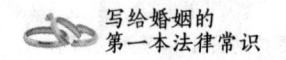

同居，不受法律保护

[导读] 已经举办了婚礼，但是还没有领取结婚证，算不算合法夫妻？男方或女方能否保证自己的合法权益？

生活中的故事：

李威和麦麦"结婚"三个多月了。不久前，两人来到北京，希望能在北京打拼出一番事业。不幸的是，李威在上班途中发生交通事故，因为伤势过重抢救无效而去世。

现场勘查后，交警认定事故是肇事司机不遵守交通规则导致发生的，负有全部法律责任。麦麦和李威父母向肇事司机提起民事诉讼，要求赔付李威的死亡赔偿金、丧葬费等80多万元。同时，李威公司也为其购买了意外保险，保险公司支付了30万元赔偿金。

没想到，李威父母拿到所有赔偿金后却拒绝分给麦麦，说这是儿子用命换来的，只能留给家人。

麦麦非常伤心，据理力争道："我和李威是夫妻，赔偿金应该有我的一半。"

李威父母直接回绝："你们只是在老家办了酒席，还没有领结婚证，不是真正的夫妻，所以你没有权利分得赔偿金。我们失去了

/第 一 篇/
我们结婚吧：婚姻既要花前月下，又要明理知法

儿子，白发人送黑发人，你能昧着良心来要钱吗？"

麦麦说："我们有这么多年的感情，还举行了婚礼，谁不知道我是李威的妻子？而且，我年纪轻轻就失去了丈夫，难道连一分钱都拿不到吗？"

双方争吵不断，事情也没有个结果。随后，麦麦把李威父母告上法庭，要求拿到属于自己的那一部分赔偿金。法院经过审理，发现李威和麦麦确实并未领取结婚证，只是同居关系，最终未支持麦麦的主张。

吴律师解读：

当事人因为交通事故死亡，其亲属有权向肇事司机索赔，其法律依据是《民法典》第一千一百七十九条：**侵害他人造成人身损**

害的，应当赔偿医疗费、护理费、交通费、营养费、住院伙食补助费等为治疗和康复支出的合理费用，以及因误工减少的收入。造成残疾的，还应当赔偿辅助器具费和残疾赔偿金；造成死亡的，还应当赔偿丧葬费和死亡赔偿金。

这说明，李威因交通事故死亡所获得的赔偿金、丧葬费，应按照法律规定支付给其父母、配偶、子女等近亲属。

同时，《民法典》第一千零四十九条规定：**要求结婚的男女双方应当亲自到婚姻登记机关申请结婚登记。符合本法规定的，予以登记，发给结婚证。完成结婚登记，即确立婚姻关系。未办理结婚登记的，应当补办登记。**麦麦和李威只举行了婚礼而没有领取结婚证，不具有婚姻的法律效力，双方就不存在夫妻间的权利义务关系，麦麦就不能以配偶名义主张分配一部分赔偿金。

同时，两人只是同居关系，麦麦也不能享受以下权利和义务：

1.李威若是出轨导致双方分手，麦麦没有权利要求经济赔偿；

2.两人的财产不属于共同财产，不能平均分割，只能按一般共有财产处理；

3.麦麦不能主张继承李威的遗产。

但是，涉及同居期间的财产分割问题，人民法院可以予以受理；如果麦麦和李威有了子女，子女有权主张分得父亲死亡赔偿金，继承属于自己的遗产。

结不成婚了，彩礼是否必须全部返还

[导读] 彩礼是我国婚嫁的传统习俗之一，又称聘礼，是男方给女方的礼金或贵重物品。婚前做好一切准备，但是婚没有结成的话，彩礼要不要全退呢？

生活中的故事：

小米和小梁是相亲认识的，彼此感觉还不错，两人相处半年后便决定步入婚姻的殿堂。接下来，见家长、谈婚事、看婚房，自然就谈到了彩礼的问题。

小米的父母比较开明，因为只有小米一个女儿，便认为彩礼有无都没有问题，反正都会让女儿带回去。小梁的父母非常通情达理，认为彩礼是一种礼节，于是给了小米8万元的彩礼，同时也给他们买了婚房。

小米和小梁一直忙着结婚的事，准备在第二年的2月14日领取结婚证。可是不久后，问题出现了——小米发现婚房产权证上写的是未来婆婆的名字，婚后却要自己来还房贷。

经过沟通后，小梁一家始终不愿意加小梁或者小米的名字，小梁父母还表示房子是他们住，理应由他们还房贷。小米一怒之下，大喊:"这个婚,我不结了!"

小梁也不甘示弱:"不结就不结,那你把彩礼退还给我们!"

小米愣住了,说:"难道你不知道那些钱都花完了吗?拍婚纱照,买家具家电,宴请亲朋好友,哪一个不是花的这笔钱?"

小梁说:"我不管,我们给了你彩礼,你不结婚就得退回来!"

小米一时不知如何作答……

吴律师解读:

问题来了,小米需要返还彩礼吗?

法律规定,彩礼属于附条件赠与,一旦婚约解除或未能缔结婚姻关系,赠与合同的效力就不存在了。同时,《最高人民法院关于适用〈中华人民共和国民法典〉婚姻家庭编的解释(一)》(以下简称《婚姻家庭编的解释（一）》）第五条规定：**当事人请求返还按照习俗给付的彩礼的，如果查明属于以下情形，人民法院应当予以支持：（一）双方未办理结婚登记手续；（二）双方办理结婚登记手续但确未共同生活；（三）婚前给付并导致给付人生活困难。**

适用前款第二项、第三项的规定，应当以双方离婚为条件。

案例中，小米与小梁并未领取结婚证，符合以上"双方未办理结婚登记手续"这一款规定，所以小米应该把彩礼返还给小梁。

不过，小米把这笔钱用于拍婚纱照、购置新房家具家电、婚礼宴请等。这笔支出属于双方婚前的合理支出，法院判决时一般会把这一因素考虑进去，将这部分支出折抵彩礼。同时，法院还会考虑以下两个因素，即双方未办理结婚登记手续，但是在一起生活时间比较长（一般两年以上）的，减少返还彩礼；双方同居生活不满两年，但生育了子女的也需要减少返还彩礼。

因此，小米需要返还彩礼，但是要把支出费用从彩礼中减掉。假如这笔支出费用为5万元，小米返还3万元就可以了。

嫁妆属于婚前财产还是婚后财产

[**导读**] 嫁妆，是女子出嫁时娘家准备的陪嫁品，包括房产、汽车、首饰、衣被、家具及其他用品。在很多人看来，嫁妆是属于女方独有的，男方没有权利支配。

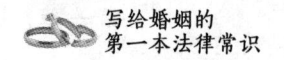

从法律角度来说，嫁妆属于婚前财产还是婚后财产呢？

生活中的故事：

王奇和李依依结婚已有一年多，婚姻生活一直很好，这几天两人却因为"借钱"的事情闹起了矛盾。

原因在于，王奇父母看股市行情不错就借钱炒股票，结果操作不当赔了不少钱，被债主逼得比较紧，只能找儿子帮忙。

王奇拿出自己的全部积蓄仍差5万元，于是跟李依依商议把她的嫁妆钱拿出一部分替父母还债。李依依的家庭条件不错，父母对她也是疼爱有加，结婚时给了她15万元作为嫁妆。

李依依直接拒绝了丈夫的要求："你拿自己的积蓄帮父母还债，我没有意见，但是我的嫁妆，你别想动。"

王奇理直气壮地说："你已经把嫁妆带到我们家了，就归我们共同所有。既然是共同财产，我为什么不能使用？"

李依依则说："你错了，嫁妆属于我的婚前财产，你没有权利支配。"

王奇见说服不了妻子，便暂时作罢了。但没过几天，他便悄悄地拿着李依依存有嫁妆钱的那张银行卡，私自转出5万元为父母偿还了那笔债务。

李依依收到转账信息后，非常震惊和愤怒。她要求王奇立即还钱，遭到拒绝后，与他发生了激烈的争吵。

吴律师解读：

嫁妆属于婚前财产还是婚后财产，应该根据具体情况来确定。

婚前财产，顾名思义，就是在结婚前夫妻一方就已经取得的财产，界定时间为双方结婚登记之日。

《民法典》第一千零六十三条规定：**下列财产为夫妻一方的个人财产：**（一）一方的婚前财产；（二）一方因受到人身损害获得的赔偿或者补偿；（三）遗嘱或者赠与合同中确定只归一方的财产；（四）一方专用的生活用品；（五）其他应当归一方的财产。

从法律角度来说，如果李依依的嫁妆是父母在她结婚登记前赠与的，那就是婚前财产。相反，若是在结婚登记后赠与的，那就是婚后财产。婚前财产属于李依依的个人财产，王奇没有权利索要和支配。

还要说明一点，李依依的嫁妆如果是在结婚登记后获得，但父母明确说明是赠与她个人的，或者李依依所购财产的资金是由父母或其他近亲属支付的，这些都视为李依依的个人财产。

婚前财产协议，到底签还是不签

［导读］现在，很多年轻人主张签订婚前财产协议，明确婚前

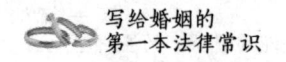

财产和婚后所得的归属问题，以减少结婚后产生不必要的纠纷。

生活中的故事：

准备结婚的姜敏患上了婚前恐惧症，担心未婚夫李超会变心，担心婚后生活变得一地鸡毛，更担心自己处理不好婆媳关系。

姜敏反复问李超："你会不会变心？""结婚后，你的事业越来越好，我却要生孩子、带孩子，肯定会变成家庭主妇，你会不会嫌弃我？""如果我们离婚了，我会一无所有。"

李超理解姜敏的焦虑心理，便耐心地安慰她："我不会变心，我们会白头到老。""你很优秀，等孩子大一点儿，你就能重新回到职场。""我所有的财产都给你，你的是你的，我的也是你的。"

为了让姜敏安心，李超还口头立下保证，内容为：本人永远不会变心，会爱姜敏到永远；婚后，两人的财产都归姜敏所有，包括车辆、房屋、存款等；本人婚前的个人财产都归姜敏所有，姜敏的婚前个人财产归她个人所有。

姜敏希望李超能写下书面婚前保证书，并且到公证机构进行公证。李超却认为这是多此一举，因为自己的保证是出自真心的，将来肯定不会反悔，为什么还要签协议和公证呢？

吴律师解读：

其实，公证婚前保证书也是有必要的。

无论是婚前保证书还是婚前财产协议，都应该以书面的形式呈现，这样才具有法律效力。其法律依据是《民法典》第一千零六十五条第一款规定：**男女双方可以约定婚姻关系存续期间所得的财产以及婚前财产归各自所有、共同所有或者部分各自所有、部分共同所有。约定应当采用书面形式。**

案例中，李超对姜敏的保证只是口头所说，不具备法律效力，除非他们邀请两个以上无利害关系的证人来证明确实存在口头协议。这表明姜敏要求签订婚前保证书是合理的，但是法律没有强制规定保证书必须公证，只是法院会优先采用经过公证的协议。

男女双方要签订婚前财产协议，需要考虑以下问题：

1. 协议是双方自愿签订的；
2. 协议必须与夫妻双方的人身或财产有密切关系；
3. 协议不能与一般性社会道德和其他法律规定相冲突。

丈夫隐瞒了重大疾病

[导读] 相爱后缔结婚姻，最重要的前提就是相互坦白，不隐瞒，不欺骗。隐瞒对方某些重大事实，这不仅是不道德的行为，有些也是违法的。尤其是在结婚前隐瞒自身重大疾病、糟糕的财务状况等，都将给婚姻生活带来纠纷。

那么，一方患有重大疾病却隐瞒了对方，结婚后，另一方该怎

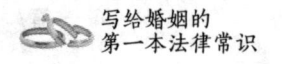

么办呢？

生活中的故事：

结婚半年后，李锦发现丈夫方远容易情绪失控，受到一点儿刺激便大发雷霆，还会发疯似的摔东西。偶然的机会，她发现方远在偷偷吃某种药物。询问后，方远解释说："这是维生素，增强体质的。"

可令李锦奇怪的是，方远每次吃完药都把药瓶锁起来，还不让她看。后来，李锦找机会对药瓶偷拍了照片，询问医生后才发现那是一种治疗精神疾病的药物。

李锦认为自己受到了欺骗，强烈要求方远给出一个合理的解释。原来，方远患有遗传性精神疾病，高考失败时就发作过，经过治疗后病情好转，但需要服用药品才能避免复发。

/第一篇/
我们结婚吧：婚姻既要花前月下，又要明理知法

方远请求李锦原谅："我不想欺骗你，可是，如果当时你知道了真相，肯定不会同意结婚的……"

李锦："我咨询了医生，这种病是遗传性的，遗传给下一代的概率非常高，难道你没有想过，万一遗传给了我们的孩子，怎么办？对不起，我不想冒险。"

李锦提出离婚，方远不同意。于是，李锦向法院提起诉讼，要求撤销与方远的婚姻关系。

吴律师解读：

案例中，李锦的要求会被法院支持，其法律依据为《民法典》第一千零五十三条：**一方患有重大疾病的，应当在结婚登记前如实告知另一方；不如实告知的，另一方可以向人民法院请求撤销婚姻。**

请求撤销婚姻的，应当自知道或者应当知道撤销事由之日起一年内提出。

精神疾病属于重大疾病。方远患有精神疾病且发作过，结婚前，方远应该如实告知李锦，结果他隐瞒了实情。李锦知道后，可以根据法律规定请求撤销婚姻关系。

当然，李锦需要拿出证据，比如医院的诊断证明书，方远到医院治疗、服用精神类疾病药物的记录，个人婚前并不知情等。同时，李锦必须在知晓这件事的一年内向法院提出诉讼来解除婚姻关系。如果超过一年，法院将不再支持其撤销婚姻关系的请求。

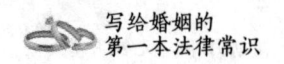

婚房，首付谁出很重要

［导读］谈婚论嫁时，买婚房几乎成为年轻人的首要问题。出于经济条件有限的考虑，绝大部分人选择"首付＋按揭贷款"的方式。这时候，首付由谁来支付就显得非常重要。

生活中的故事：

小雨与男友大强恋爱两年了，开始进入谈婚论嫁阶段。两人在广州工作了几年时间，小雨每月收入为8000元，大强每月收入为10000元左右，双方家长打算出点儿钱作为首付，让他们购买一套二居室作为婚房，婚后两人一起还贷。

没过多长时间，大强却改变了主意，对小雨说："我父母说我们家虽然并不富裕，但是儿子结婚还是要凑齐婚房首付的，不能让女方父母帮忙掏钱——要是被别人知道了，肯定会被笑话的。"

小雨笑着说："现在很多人结婚都是双方一起付婚房首付款，这有什么被别人笑话的。再说了，我们家的条件也不差，我父母说了不想让你们家太为难。"

大强说："要不然，我们家付首付，你们家付装修款吧。"

小雨感觉有些不对劲儿，问道："那房本上登记谁的名字呢？

/ 第 一 篇 /
我们结婚吧：婚姻既要花前月下，又要明理知法

如果只写你的名字，那么房子是不是就算你的婚前财产？"

大强理直气壮地说："我们家付首付款，并且用我的公积金贷款，房本上当然要写我的名字。你想加名字也不是不可以，但是得等几年再说。不过，你不用担心，我们是相爱的，也不会离婚，这婚房写谁的名字都一样——虽然它名义上是我的婚前财产，但我的不就是你的嘛……"

虽然大强说得"头头是道"，可小雨还是有些犹豫，担心之后婚姻有了问题，自己将变得一无所有。

那么，男方付首付，女方负责装修，婚后双方共同还贷，这合理吗？

吴律师解读：

关于婚前买房的首付问题，有关法律条文有详细的解释，其依据为《婚姻家庭编的解释（一）》第七十八条：**夫妻一方婚前签订不动产买卖合同，以个人财产支付首付款并在银行贷款，婚后用夫妻共同财产还贷，不动产登记于首付款支付方名下的，离婚时该不动产由双方协议处理。**

依前款规定不能达成协议的，人民法院可以判决该不动产归登记一方，尚未归还的贷款为不动产登记一方的个人债务。双方婚后共同还贷支付的款项及其相对应财产增值部分，离婚时应根据《民法典》第一千零八十七条第一款规定的原则，由不动产登记一方对另一方进行补偿。

《民法典》第一千零八十七条第一款规定：**离婚时，夫妻的共同财产由双方协议处理；协议不成的，由人民法院根据财产的具体情况，按照照顾子女、女方和无过错方权益的原则判决。**

根据以上法律规定，男方婚前支付房产首付，房产证只登记男方姓名，即便婚后两人共同支付房贷，一旦离婚，房产所有权也只属于男方，女方无权要求分割房产。男方只需补偿女方婚后共同还贷支付的款项及房产的增值部分，装修款也应适当补偿。

第二篇

财产与债务：
婚姻中的爱情与面包

夫妻共同财产的认定

[导读] 前面章节，我们已经讲了关于夫妻一方个人财产的法律常识，现在讲一讲夫妻共同财产的范畴。

生活中的故事：

李杰与杨欢结婚后，李杰以个人名义开了一家电商工作室，主要做海外代购的生意。近些年，海外代购越来越火，李杰工作室的业绩越来越好，每年收益达到上百万元。

两年后，李杰与杨欢的感情破裂，协议离婚。杨欢主张分割工作室近些年的资产和收益，李杰不同意，说自己一个人打理工作室，且投资是自己的婚前财产，大部分是向父母和弟弟借的。

双方进行了激烈争论，最后闹上了法庭。李杰说："工作室是我用个人财产投资的，工作室的运营也是我一个人在做，这些资产不属于夫妻共同财产。"

杨欢说："工作室是你婚后开起来的，所有收益就属于婚后财产。虽然我没有参与工作室的经营，但是有权利分割夫妻共同财产，应该分得工作室的一半资产。"

法院经过审理，发现李杰所说工作室的投资是婚前财产且大部分资金来自父母和弟弟，证据并不充分。现在，工作室账户中的资金来源已经混同，无法分清哪一部分是婚前财产，哪一部分是婚后财产。

最后，法院判定：对李杰和杨欢的离婚申请予以支持，工作室的资产和收益为夫妻共同财产，男女双方对共同财产进行分割，各占比 50% 的份额。

吴律师解读：

判断公司经营和投资收益是否属于夫妻共同财产，可以具体问题具体分析。如果用个人财产来经营公司，其行为发生在婚前，那么资产和收益都属于个人财产；如果公司经营行为发生在婚后，那么婚姻存续期间的收益将被认定为夫妻共同财产。

《民法典》第一千零六十二条规定：**夫妻在婚姻关系存续期间所得的下列财产，为夫妻的共同财产，归夫妻共同所有：（一）工资、奖金、劳务报酬；（二）生产、经营、投资的收益；（三）知识产权的收益；（四）继承或者受赠的财产，但是本法第一千零六十三条第三项规定的除外；（五）其他应当归共同所有的财产。**

夫妻对共同财产，有平等的处理权。

案例中，李杰的电商工作室是婚后投资和经营的，虽然他声称其资金来源于婚前财产，但是无法提供证据来证明该财产属于个人财产，且与夫妻共同财产混同。据此，法院认定其经营和投资收益属于夫妻共同财产是合理的，离婚时要平均分割。

父母首付，夫妻还贷，房子到底归谁

[导读] 结婚时，由于年轻人的经济条件有限，很多父母会选择自己付首付，然后让子女婚后共同还贷。这样既让他们有了温馨的家，也减轻了他们的经济负担。

那么，父母首付，夫妻还贷，房子的所有权到底归谁呢？

第二篇
财产与债务：婚姻中的爱情与面包

> **生活中的故事：**

芳芳和大力结婚后，大力的父母便出资 25 万元给他们首付了一套房产，随后将这套房产的产权登记在芳芳和大力的名下。之后，芳芳和大力共同偿还房屋剩余款项。

幸福的日子刚刚过去三年，两人的感情出现了问题。两人是经人介绍认识的，婚前了解得不多，婚后磨合时频频爆发矛盾，再加上两人的性格不合，找不到有效的沟通方式，婚姻便走向了破裂。离婚时，两人还因争夺这套房产而闹得不可开交。

大力认为："这套房产是我父母出资交的首付款，理应归我或父母所有。你只是偿还了部分贷款，没有权利得到房子的产权，我可以把你偿还的那部分贷款返还回去。"

芳芳反驳说："房屋产权登记在我们二人名下，后续的贷款也是我们共同偿还的，这套房子应该属于夫妻共同财产。"

经过多次沟通，两人都没有达成一致意见，最后闹到了法院。法院审理后认定，这套房产为夫妻共同财产，产权归大力所有，但是大力需要根据该房屋在此判决生效时的价值对芳芳给予经济上的补偿，房屋剩余贷款由两人共同清偿。

> **吴律师解读：**

案例中，虽然房子的首付款由大力父母支付，不过房子是在芳芳和大力结婚后购买的，且产权登记在芳芳和大力两人名下，同时大力父母没有明确表示该房产只赠与儿子，可以认定房子是对芳芳和大力两人的赠与。

《婚姻家庭编的解释（一）》第二十九条规定：**当事人结婚前，父母为双方购置房屋出资的，该出资应当认定为对自己子女个人的赠与，但父母明确表示赠与双方的除外。**

当事人结婚后，父母为双方购置房屋出资的，依照约定处理；没有约定或者约定不明确的，按照《民法典》第一千零六十二条第一款第四项规定的原则处理。

根据以上法律规定，这套房产属于芳芳和大力的共同财产，离婚时，芳芳有权要求分割。同时，尚未还清的贷款也属于夫妻共同债务，需要双方共同偿还。因此，法院的判决是合理的。

妻子继承遗产，丈夫也有权利分割

[导读] 婚姻存续期内，一方继承的遗产，一般属于夫妻共同财产，所以另一方也有权利使用和分割。不过，根据法律规定，遗嘱明确表示只归一方的除外。

第二篇
财产与债务：婚姻中的爱情与面包

生活中的故事：

王明与李玲是夫妻，李玲的父亲一年前因病去世，兄长和她基于遗产继承问题进行协商。最后，兄长继承了父亲名下的一套三居室，李玲继承了一套两居室加 20 万元现金。

最近，王明准备买下一套学区房，这样一来，儿子上小学就方便了。于是，王明对李玲提议卖掉那套两居室，再添些钱以便全款买下学区房。这遭到了李玲的反对：一是认为没有必要全款买房，贷款按揭的方式也非常方便；二是认为那套房子是父亲留给自己的遗产，就这样随便卖掉了，很不合适。

王明坚持自己的意见，多次与李玲沟通。李玲也一直强调："这是我父亲留给我的遗产，属于我的个人财产，我说不卖就不卖，你没有权利支配！"

王明解释说："我知道你对这套房子有感情，不舍得卖掉，我也尊重你的决定。不过，你需要明白一点：这套房子不是只属于你个人的，而是夫妻共同财产，我们有平等的处理权。一旦我们离婚，我有权要求分割其中的50%。"

李玲愣住了，说："你在胡说！"

王明继续解释："这是法律规定的，你可以查询相关法律条款。"

吴律师解读：

王明说的是事实。

根据《民法典》第一千零六十二条中关于夫妻共同财产的规定，在婚姻关系存续期间，任何一方继承或者受赠的财产都归夫妻共同所有，不过遗嘱中明确规定归一方所有的除外。

《婚姻家庭编的解释（一）》第八十一条规定：**婚姻关系存续期间，夫妻一方作为继承人依法可以继承的遗产，在继承人之间尚未实际分割，起诉离婚时另一方请求分割的，人民法院应当告知当事人在继承人之间实际分割遗产后另行起诉。**

李玲继承了父亲名下的房产，而父亲没有留下遗嘱明确其遗产只由李玲个人继承，所以该房产属于夫妻的共同财产，王明具有平等的支配权。不过，在两人没有离婚的前提下，法律中没有对夫妻共同财产进行分割的相关规定，所以该房产是卖还是不卖，应该由双方协商决定。

丈夫给外遇对象买了房产

[导读] 关于夫妻财产问题，法律中有很多详细的规定，目的是维护夫妻双方对共同财产的平等处理权。所以，任何一方都不能私自处理夫妻的共同财产，更不能侵害对方的合法权益。

生活中的故事：

曹珍珍和陈路结婚三年多了，两人的感情一直不错。遗憾的是，由于曹珍珍的身体原因，两人一直未能生育子女。虽然陈路表面上没有怨言和指责，照常照顾着家庭，但曹珍珍还是渐渐发现了不对劲儿，感觉丈夫有了外遇。

几个月后，曹珍珍果真发现陈路出轨了，对方是同公司的女职员，两人半年前就在一起了。陈路多次说加班不回家、出差，实际上都是和外遇对象约会。不仅如此，陈路还用接私活赚的劳务报酬给外遇对象买了一套住房，支付了23万元首付款，并将房产登记在外遇对象名下。

曹珍珍十分伤心地质问陈路："你为什么要出轨？有了外遇对象，回家还扮演好丈夫的角色，你对得起我吗？"

陈路解释道："我是爱你的，但是你不能生孩子，父母一直逼

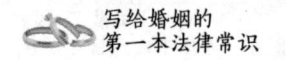

着我离婚。我的压力非常大,只是想有一个自己的孩子……"

曹珍珍愤怒地吼道:"既然你无法接受我不能生育的事实,你可以选择离婚。但是你选择出轨,还给外遇对象买房,就是彻底的背叛,我绝对不会原谅你!"

曹珍珍一气之下提出离婚申请,并且把陈路二人告上法庭,要求外遇对象返还陈路所购房产以及赠送的一些钱财、物品。

吴律师解读:

曹珍珍的要求是合法合理的。

在婚姻关系存续期间,陈路私自利用夫妻共同财产为他人支付房屋首付款,而且还与其保持不正当的两性关系,侵犯了妻子对共同财产的平等处理权,同时也涉嫌重婚罪。

《民法典》第一千零六十六条规定:**婚姻关系存续期间,有下列情形之一的,夫妻一方可以向人民法院请求分割共同财产:**

(一)一方有隐藏、转移、变卖、毁损、挥霍夫妻共同财产或者伪造夫妻共同债务等严重损害夫妻共同财产利益的行为;

(二)一方负有法定扶养义务的人患重大疾病需要医治,另一方不同意支付相关医疗费用。

就是说,陈路偷偷给外遇对象买房产的行为,属于隐藏、转移夫妻共同财产,是违法的。虽然陈路给他人买房产是赠与行为,但是依据法律规定,曹珍珍可以通过两种方式来维权:

1.起诉丈夫和他的外遇对象,要求法院判决赠与行为无效,返还财产；

2. 若是曹珍珍起诉离婚，还可以对丈夫出轨行为进行举证，除要求外遇对象返还财产之外，还可以要求丈夫少分财产。

婚内也可 AA 制

[导读] 当下，AA 制恋爱、婚姻已经非常普遍，它也成为很多年轻人喜欢的婚恋模式。简单来说，就是双方在经济上独立自主，婚前财产各自所有，婚后财产也是各管各的，所有开支一人一半，不想产生财产纠纷。

生活中的故事：

萌萌和刘洋因为工作上的合作关系而结识，皆对对方有好感。两人从恋爱到结婚只花了半年时间，作为 00 后，他们非常赞同新的恋爱模式——恋爱期 AA 制，婚后也继续实行 AA 制。

萌萌和刘洋签订了 AA 制婚姻协议，约定如下：

1. 婚前财产归各自所有，房贷一人一半，家庭开支一人一半。
2. 买大件商品，如家电、汽车等，支出一人一半。
3. 家务共同负担，一人一个星期，轮流负责。
4. 一方的债务，以个人财产进行清偿。

5. 一方生病或者身体出现问题，另一方负责照顾，不受 AA 制制约。女方怀孕、哺乳期间，男方负责照顾，不受 AA 制制约。

6. 孩子一岁之后，照顾孩子、辅导作业等，两人共同负担，一人一周。

7. 在照顾双方父母方面，两人共同负担，支出一人一半。

……

对于萌萌和刘洋的 AA 制婚姻协议，双方父母和周围的朋友都非常不理解，认为这样的约定容易伤害彼此的感情，导致婚姻不能长久。

但是，两人却不以为然。他们认为自己并非仅对财产、花销进行 AA 制，同时对双方的责任、权利、义务等进行约定，可以让彼此更独立、相互尊重。同时，约定彼此扶持，更有利于婚姻长久。

吴律师解读：

从法律角度来说，婚姻存续期间，夫妻双方对财产进行约定有一定的合理性。其法律依据是《民法典》第一千零六十五条：**男女双方可以约定婚姻关系存续期间所得的财产以及婚前财产归各自所有、共同所有或者部分各自所有、部分共同所有。约定应当采用书面形式。没有约定或者约定不明确的，适用本法第一千零六十二条、第一千零六十三条的规定。**

夫妻对婚姻关系存续期间所得的财产以及婚前财产的约定，对双方具有法律约束力。

夫妻对婚姻关系存续期间所得的财产约定归各自所有，夫或者妻一方对外所负的债务，相对人知道该约定的，以夫或者妻一方的个人财产清偿。

因为签订了书面协议，所以对夫妻婚姻存续期间所得财产与债务、夫妻个人财产和个人债务的约定，是具有法律效力的。一旦双方离婚，法院将按照协议对婚姻存续期间的财产进行分割。

夫妻个人债务与共同债务

[导读] 夫妻共同经营生活，能创造财富，也可能产生债务。那么，是不是婚姻存续期间一方欠债了，另一方必须共同偿还呢？个人债务和共同债务有哪些不同之处？

生活中的故事：

张希回到家，发现客厅里坐着两个年轻人，丈夫李强则是面露难色，看见她回来有些心虚，又有些欲言又止。

经了解，两人是李强的朋友，是上门讨债的。原来，李强迷上了赌球，多次登录非法赌球网站下注，把自己的私房钱全部输光后，还以"周转"的名义向这两个朋友借了8万元。

李强央求着说："老婆，你帮我还了这笔钱吧！之后，你怎么

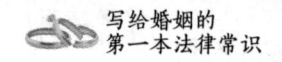

处罚我，我都没有一句怨言。"

张希冷着脸道："我不管，你欠下的债务，自己想办法还。"

李强见央求不管用，生气地喊道："我欠下的债务，就是夫妻的共同债务，你还也得还，不还也得还。"

一个朋友也开口说："嫂子，我们也不容易，你得体谅体谅。现在李强没有钱了，如果你不帮着还，我们只能到法院起诉，要求拍卖这套房子来偿还债务。"

张希顿时说不出话来，不知道该如何处理。

那么问题来了，李强的这笔借款是夫妻共同债务吗？需要张希承担共同还款的责任吗？

吴律师解读：

首先，我们必须明确一点，赌球是一种违法的赌博行为，因赌博产生的债务不受法律保护。但是，朋友事先不知道李强借钱用来赌博，所以借贷关系是成立的，朋友有权要求借款人予以偿还。

关于张希是否需要承担这笔债务的问题，我们需要弄懂什么是夫妻共同债务。《民法典》第一千零六十四条规定：**夫妻双方共同签名或者夫妻一方事后追认等共同意思表示所负的债务，以及夫妻一方在婚姻关系存续期间以个人名义为家庭日常生活需要所负的债务，属于夫妻共同债务。**

夫妻一方在婚姻关系存续期间以个人名义超出家庭日常生活需要所负的债务，不属于夫妻共同债务；但是，债权人能够证明该债务用于夫妻共同生活、共同生产经营或者基于夫妻双方共同意思表示的除外。

很明显，李强的这笔借款是从事非法赌博而产生的，且张希完全不知晓，所以它不属于夫妻共同债务。

另外，《婚姻家庭编的解释（一）》第三十四条规定：**夫妻一方与第三人串通，虚构债务，第三人主张该债务为夫妻共同债务的，人民法院不予支持。**

夫妻一方在从事赌博、吸毒等违法犯罪活动中所负债务，第三人主张该债务为夫妻共同债务的，人民法院不予支持。所以，这笔借款应由李强个人负责偿还，不管是李强本人还是李强的朋友都不能主张由张希来承担。

除此之外，还有哪些债务属于个人债务呢？

1. 一方婚前的债务；

2. 一方未经对方同意，擅自资助与其没有扶养义务的亲属、朋友所负的债务；

3. 一方瞒着对方借钱参加高消费的文化、娱乐活动所负的债务；

4. 从事违法犯罪活动所负的债务。

假离婚，真逃债

[导读] 很多人为了逃避债务，会采取"假离婚"的方式把财产转移到妻子及子女名下，自己一人承担债务。这种情况下，债权人应该怎么办？难道只能吃"哑巴亏"吗？

生活中的故事：

赵宇做服装出口生意，因一次决策失误，投资的一个大订单"烂尾"了。公司也因这次投资失败濒临倒闭，还欠下一笔巨额债务，赵宇根本无力偿还。

一段时间后，债权人表示赵宇若是不能结算原材料款项，就把他告上法庭，要求拍卖其公司财产和名下的一套别墅、一套三居室房产及车辆。

赵宇告知债权人："你们可以申请拍卖我公司的财产，不过，那套别墅、三居室房子和车辆是属于我前妻和孩子的。半年前，我们已经协议离婚，协议中约定这些财产都归前妻所有，我现在没有权利让人家帮我还债。"

原来，在投资项目出现危机之时，赵宇就已经做好谋划：与妻子协议离婚，将房产、车辆等财产全部分配到妻子、孩子的名下，孩子由妻子抚养，债务则全归于自己。现在，他名下的公司已经没有多少资产，即便拍卖了也无关紧要。

最后，赵宇对债权人说："我离婚了，现在也没有钱，你想告就去告吧！"

吴律师解读：

法律上没有"假离婚"一说，只要男女双方领取了离婚证，或者经过法院判决离婚，二人的婚姻关系就不存在了。但是，赵宇为了逃避债务而暂时离婚，离婚后双方仍继续同居生活，这算是"假离婚"的一种手段。

赵宇所欠债务是婚姻存续期间用于共同生产经营、夫妻共同生活产生的，属于夫妻共同债务。《民法典》第一千零八十九条规定：**离婚时，夫妻共同债务应当共同偿还。共同财产不足清偿或者财产归各自所有的，由双方协议清偿；协议不成的，由人民法院判决。**所以，这笔债务应该由赵宇夫妻二人共同承担，即便他们离婚了也无法逃避。

重要的是，赵宇与妻子采取了协议离婚的形式，且对财产分割、债务承担有失公平，即妻子得到大部分财产，赵宇承担全部债务。

《民法典》第五百三十八条规定：**债务人以放弃其债权、放弃**

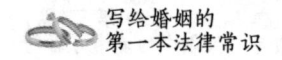

债权担保、无偿转让财产等方式无偿处分财产权益，或者恶意延长其到期债权的履行期限，影响债权人的债权实现的，债权人可以请求人民法院撤销债务人的行为。就是说，债权人可以合理怀疑赵宇有"假离婚，真逃债"的嫌疑，并收集相关证据，将赵宇和他的妻子作为共同被告，要求他们共同偿还债务。

夫妻之间的借与还

[导读] 俗话说："夫妻间的账是算不清的。"生活中，夫妻双方难免有互相借款的行为，那么这笔借款是不是不用偿还呢？

生活中的故事：

王毅和李佳结婚后，他们各自管理工资、投资收益，共同支付家庭生活开支。

前段时间，王毅的弟弟想要买房，便向他借10万元。只不过王毅手里的钱都投在股票、基金里，短时间内拿不出来。于是，王毅便找到李佳帮忙，希望她能拿出10万元帮自己周转下。

李佳认为现在的投资行情不好，继续投资的话肯定会亏损，便劝说王毅趁这个机会解套，既能借钱给弟弟，又避免了较多的亏损。王毅不同意，直接说："算我借你的，可以吗？一年内，我肯定还钱。"

李佳严肃地说:"那你打借条,否则免谈。"

王毅立即手写了借条:"本人今借李佳 10 万元整,利息按照 ×% 计算,一年内还清所有借款及利息。借款人王毅。×× 年 ×× 月 ×× 日。"

然而,还款日期到了,当李佳拿着借条向王毅索要借款时,王毅却说:"你还当真了呀?我们是夫妻,所有的钱都属于夫妻共同财产,哪里分借不借、还不还的!"

李佳非常生气,说道:"你向我借的钱,就应当还。我有借条在手,你还能抵赖吗?"

两人争执了很长一段时间,谁也不能说服谁。

那么,夫妻之间存在借贷关系吗?一方向另一方借钱,是否需要还呢?

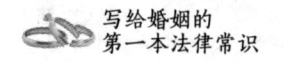

吴律师解读：

虽然王毅和李佳各自打理收入，但其收入是婚姻存续期间获得的，按照法律规定，两人的财产属于夫妻共同财产。

《婚姻家庭编的解释（一）》第八十二条规定：**夫妻之间订立借款协议，以夫妻共同财产出借给一方从事个人经营活动或者用于其他个人事务的，应视为双方约定处分夫妻共同财产的行为，离婚时可以按照借款协议的约定处理。**

王毅和李佳二人之间签订了借款协议，并且王毅把这笔钱用于个人事务（借给弟弟买房），可以被视为双方约定处分夫妻共同财产。过后，王毅以借款是婚姻关系存续期间产生的来否认双方的借贷关系，该借款不用还。

不过，因为这笔借款是王毅和李佳的共同财产，当李佳索要时，王毅应当向李佳返还，但可以扣减借款中属于他的那部分夫妻共同财产。

另外，还需要注意两点：一、如果夫妻双方没有签订借款协议，那么双方之间的钱款往来只是改变了控制权，不构成借贷关系；二、如果借款属于一方的个人财产，那么另一方就应当全部归还。但是，出借方必须拿出足够的证据来证明，否则它仍被认定来自夫妻的共同财产。

重婚导致的无效婚姻，财产如何处理

[导读] 婚姻无效的纠纷，大多是因为结婚时一方或双方有意隐瞒自身的婚姻状况。无效婚姻，按照法律规定是需要被撤销的，其中也牵扯到了财产、子女等处理问题。

那么，重婚导致的无效婚姻，其财产该如何分配呢？

生活中的故事：

王捷在外打工，喜欢上女孩郑玲，便隐瞒自己已婚的事实与其交往，并很快开始了同居生活。一段时间后，郑玲提出结婚要求："父母都在催我们结婚，我的年纪也不小了，你什么时候娶我？"

于是，王捷找黑中介办理了一张假身份证，与郑玲在民政局骗取了结婚证。

然后，王捷以郑玲的名义购买了一套房产，支付了20万元的首付款后，两人共同偿还贷款。

不久，王捷因持有假身份证被当场抓获，这时郑玲才知道王捷已经结婚的真相。于是，郑玲向法院起诉王捷重婚，并且要求判定婚姻无效。同时，郑玲提出王捷所购房产是以自己的名义购买，且两人居住、共同偿还贷款，自己理应获得房产的全部产权。

法院查明已婚男子王捷用虚假个人信息骗取结婚登记，与郑玲的婚姻属于重婚，判决支持郑玲申请撤销该婚姻无效的请求。但是，王捷支付的房产首付款及偿还房贷的款项，皆属于与配偶婚姻存续期间的夫妻共同财产，郑玲的请求侵害了王捷配偶的合法权益，所以郑玲要求房产归属权的请求被驳回。

吴律师解读：

有关婚姻无效的法律规定，是专门用来解决违法结婚问题的。重婚，就是婚姻无效的一种形式，不受法律的保护。

《民法典》第一千零五十四条规定：**无效的或者被撤销的婚姻自始没有法律约束力，当事人不具有夫妻的权利和义务。同居期间所得的财产，由当事人协议处理；协议不成的，由人民法院根据照顾无过错方的原则判决。对重婚导致的无效婚姻的财产处理，不得侵害合法婚姻当事人的财产权益。当事人所生的子女，适用本法关于父母子女的规定。**

婚姻无效或者被撤销的，无过错方有权请求损害赔偿。

案例中，已婚男子王捷用假身份证骗取结婚证，所以他与郑玲的婚姻是无效的。郑玲和王捷的妻子都可以起诉王捷犯有重婚罪，来维护自己的合法权益。

然而，郑玲要求得到王捷所购房产的产权是不合法的，因为他们之间的婚姻无效，这套房产便不属于夫妻共同财产。购房款属于王捷与妻子的共同财产，他们两人有平等的支配权和处置权，即便王捷同意把房产赠给郑玲也得不到法律的支持,这侵害了他妻子的合法权益。

有人要问,房产的产权登记在郑玲名下,那是不是属于赠与行为?根据法律规定,这种赠与是无效的,因为它属于隐藏、转移夫妻共同财产的行为。郑玲可以要求王捷返还其偿还的房贷,也可以要求经济补偿。

另外,关于其他财产的处理,需要确认是否当事人同居期间所得,除有证据证明为当事人一方所有的以外,按共同共有处理。

丈夫去世,妻子需要偿还共同债务

[导读] 我国法律没有"人死债消"的规定,所以在婚姻存续期间,一方所欠的债务,妻子需要承担清偿责任。这是为了保障债权人的合法权益。

生活中的故事:

王晓的丈夫遭遇了交通意外事故,抢救无效后死亡。雪上加霜的是,王晓丈夫的朋友胡杨作为债权人拿着借款合同找上门来,要求王晓偿还丈夫生前欠下的20万元借款。同时,丈夫公司的供货商也找上门来,说公司还有几笔账款合计7.8万元没有结清,要求王

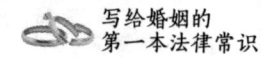

晓在一个月内结清。

王晓不知道如何应对，哭着说："我们没有房产，一直租房住，丈夫的遗产也就 10 万元左右，我没有能力偿还这么多钱。再说，丈夫已经去世，他欠下的债务必须由我来偿还吗？"

胡杨解释道："一年前，你丈夫以公司资金周转不开为由向我借款 20 万元，约定本金加利息两年还清。公司的经营收益属于你们夫妻的共同财产，而且这笔债务是你丈夫在婚后欠下的，属于夫妻共同债务。所以，你丈夫去世了，偿还债务就是你的责任。"

王晓问："那我现在无力偿还这笔债务，怎么办呢？"

胡杨说："其实，你丈夫的公司是盈利的，如果你有能力经营下去，我们可以签下协议，这笔借款由你慢慢偿还。如果你没有能力经营，我建议你出售公司资产用来偿还相应的债务。"

王晓接受了胡杨的建议，在律师的帮助下出售了丈夫名下公司的资产用来清偿债务，剩余部分则由自己和儿子继承。

吴律师解读：

《民法典》第一千零六十四条规定了夫妻共同债务的范畴，是需要夫妻双方共同清偿的。即便一方去世，另一方也需要承担清偿的责任。其法律依据是《婚姻家庭编的解释（一）》第三十六条：**夫或者妻一方死亡的，生存一方应当对婚姻关系存续期间的夫妻共同债务承担清偿责任。**

当然，如果丈夫以个人名义借钱，王晓证明了这笔钱并非用于公司经营，或者超出家庭日常生活所需，那她就不需要承担还债责任。

同时，根据有关法律规定，如果王晓继承了丈夫名下的遗产，那么就有清偿债务的责任。当遗产不足以清偿债务，超过遗产实际价值的部分，王晓可以选择清偿，也可以选择不清偿。这应该遵循自愿的原则。

向非婚生子女支付抚养费，是否侵犯了夫妻共同财产权

[导读] 对于夫妻的共同财产，夫妻二人具有平等的处理权和支配权。那么，一方在婚前生下非婚生子女，婚后用夫妻的共同财产支付抚养费，这样的行为是否侵犯了另一方的夫妻共同财产权？

生活中的故事：

尹强在婚前谈过一个女友方瑜，最后二人因为种种原因未能结婚，但他们之间生育了一个非婚生女儿尹欣。现在女儿六岁，与方瑜共同生活。

最近，方瑜找到尹强，表示自己与丈夫已经离婚，经济条件有所改变，没有能力独自抚养女儿，希望尹强每月支付尹欣2000元抚养费。

尹强同意了，并且在每月 5 日通过微信转账的方式支付尹欣的抚养费。半年后，妻子发现尹强的经济上有些问题，在不断追问下，尹强才道出了事情的原委。

妻子表示不满："你给她们母女俩打钱，应该事先征求我的意见。现在你偷偷做这件事，就是不尊重我。"

尹强："我不是不尊重你，只是担心你不同意。"

妻子："没错，我就是不同意。在我们的婚姻期内，你的工资、投资收益等都属于夫妻共同财产，现在你却用它来支付非婚生子女的抚养费，这侵犯了我的合法权益。"

尹强："尹欣是我的女儿，我不能不管。"

妻子："可她是私生女。"

法院宣判：父母有抚养子女的义务，支付子女抚养费的行为不属于侵犯夫妻共同财产权。

婚姻存续期间，你的所有收入都属于夫妻共同财产。你用它支付非婚生子女的抚养费，未经过我同意，侵犯了我的夫妻共同财产权。

由于妻子坚决反对尹强支付尹欣的抚养费，尹强没有办法，只好不再支付了。方瑜只能就尹欣的抚养费问题，对尹强提起诉讼。

法院经过审理做出判决：父母有抚养子女的义务，尹强自判决之日起每月支付尹欣抚养费2000元，直到尹欣十八周岁。

吴律师解读：

根据法律规定，夫妻双方对共同所有财产有平等处理的权利，但夫或妻也有合理处分个人收入的权利。如果一方不是隐匿、转移共同财产，或者支付的抚养费没有超过其负担能力，就不能判定为侵犯夫妻共同财产权。

《民法典》第一千零七十一条规定：**非婚生子女享有与婚生子女同等的权利，任何组织或者个人不得加以危害和歧视。**

不直接抚养非婚生子女的生父或者生母，应当负担未成年子女或者不能独立生活的成年子女的抚养费。

案例中，尹欣是尹强的非婚生子女，尹强不直接抚养女儿的话，应当支付其抚养费。每月2000元的抚养费，明显没有超过尹强的负担能力，所以他没有权利拒绝支付。

尹强支付非婚生女儿的抚养费，不同于其他一般性处理夫妻共同财产的行为，即便尹强与妻子没有达成一致意见，也不能判定他属于侵犯夫妻共同财产权。

不过，若是尹强有个人财产，应当首先用个人财产支付非婚生女儿的抚养费。

家庭共有财产

[导读] 什么是家庭共有财产？简单来说，就是在家庭中全部或部分家庭成员共同所有的财产。

家庭共有财产与夫妻共同财产是不同的，因为一个家庭除了夫妻外，还有子女、父母及其他成员。如果子女参加工作获得了一部分财产，或者子女接受长辈或公司的财产赠与，那么进行财产分割时，就应该先把子女的财产分割出来。

生活中的故事：

父亲去世后，李大力和弟弟李小力决定分割父母留下的一套房产。房产登记在父亲的名下，李小力便认定这套房产为父母的共同财产，兄弟俩应当平均分配。

李大力提出不同意见："当初买这套房产时我也掏了10万元，理所应当是房产的共有人。分割前，应该把我买房的那份先分割出来，然后再平均分配，这才公平公正。"

李小力说："不是你说掏钱就掏钱了，你得拿出证据来。"

李大力理直气壮地说："我上完高中就外出工作了，每月工资的一半都交给家里，是为这个家做过贡献的。父母要买房时钱不够，我又拿出辛辛苦苦攒下的积蓄10万元。当初父亲说了，这房子有我的一份，还写下了字据。"

随后，李大力拿出父亲写下的字据。母亲也证实了李大力的说法，这套房子的确是共有财产，不是夫妻共同财产。然而，李小力仍不同意这种说法，向法院提出诉讼，要求平分这套房产。

吴律师解读：

判定这套房产是不是家庭共有财产，必须基于一定的法律事实，即它是否属于家庭成员共同继承或接受赠与的，是不是家庭成员共同购置的，家庭成员的收入是否都交归家庭。

案例中，李大力早早外出工作，将一半工资交归家庭，同时拿出10万元资助父亲购买房产，这套房产明显是李大力和父母共同所有的。《民法典》第二百九十七条规定：**不动产或者动产可以由两个以上组织、个人共有。共有包括按份共有和共同共有。**

虽然李小力也是家庭成员，但是对家庭共有财产的形成没有尽过义务，因此他不是共有财产的共有人。现在，兄弟二人对这套房产进行分割，就应该按照法律规定进行。

《民法典》第三百零九条规定：**按份共有人对共有的不动产或者动产享有的份额，没有约定或者约定不明确的，按照出资额确定；不能确定出资额的，视为等额享有。**这说明，李大力有权要求先分割属于自己的那一部分，按照出资额所占的比例确定分得的份额，最后再由兄弟二人分配剩下的那一部分份额。

第三篇

**抚养与赡养:
有权利,也有义务**

子女可以随父姓，也可以随母姓

[导读] 中国的传统思想观念认为，孩子随父姓是理所当然的。不过，从法律角度来说，孩子可以随父姓，也可以随母姓，是完全自由的。

生活中的故事：

唐莹和石云有一个三岁的女儿，出生后就随父亲姓石。后来，国家开放二孩政策，石云就想要生二胎，说是给女儿找一个伴儿，不至于她长大后孤单。

可是，唐莹并不想生二胎，因为自己的事业刚刚起步，要是怀孕生孩子又得耽误好几年。再加上照顾女儿生活、辅导女儿学习也是需要花精力的，生了二胎的话，想要在职场上再拼出一片天地来就难了。

为了让唐莹答应生二胎，石云表示自己会多花时间照顾女儿，还允诺第二个孩子不论男孩女孩都随唐莹姓。经过深思熟虑，唐莹答应了这件事。

等到儿子出生后，石云的态度却变了，坚持让儿子跟自己姓。他说："对于儿子随你姓的问题，我是没有什么意见，但是我父母强烈反对，说儿子随你姓就是愧对祖宗，就是大不孝。"

　　唐莹生气地说："既然你当初答应了，就应该遵守承诺。再说，孩子是我生的，为什么不能随我姓？我们两人的孩子，为什么要爷爷、奶奶决定姓什么？"

　　石云："你也知道，老人家的思想传统，认为孩子随父姓是天经地义的。"

　　唐莹："法律规定孩子可以随父姓，也可以随母姓，你要是不遵守承诺，我就和你离婚！"

　　两人争论不已，谁也不肯让步。

吴律师解读：

　　我国有子女随父姓的传统，但从法律角度来说，子女不一定随父姓，也可以随母姓。《民法典》第一千零一十五条规定：**自然人应当随父姓或者母姓**，但是有下列情形之一的，可以在父姓和母姓之外选取姓氏：（一）选取其他直系长辈血亲的姓氏；（二）因由法定扶养人以外的人扶养而选取扶养人姓氏；（三）有不违背公序良俗的其他正当理由。

少数民族自然人的姓氏可以遵从本民族的文化传统和风俗习惯。

案例中，唐莹可以让儿子随自己姓，但前提是要与石云协商好。无论孩子随谁姓，夫妻二人都必须协商一致，任何一方都不能私自决定。

另外，如果夫妻协商一致，也可以让子女随其他直系长辈血亲姓，比如祖父、祖母、外祖父、外祖母，但是不能违背公序良俗，随便让孩子随近亲属之外的旁人姓。

拒绝抚养子女，就等于遗弃

[导读] 父母对于未成年子女的抚养义务是法定的责任，那么在父母有能力的前提下拒绝抚养子女，这是不是违法的？

生活中的故事：

王峻和李娜在朋友的介绍下相爱并登记结婚，一年后生育一子强强。不幸的是，不久王峻因病去世了，这个幸福的三口之家也随之破碎。李娜只能一个人带着强强生活，还时常带孩子探望在老家生活的爷爷、奶奶。

后来，李娜遇到了现在的男友，两人的感情逐渐稳定，准备在年底结婚。不过，婚事却遇到了阻碍：男友的家人不介意李娜二婚，却介意她带着孩子，表示婚后坚决不同意强强进入家门。

李娜陷入两难之地，一边是爱人，一边是儿子。最后，李娜做出决定——把强强送回爷爷、奶奶家。五岁的强强不知道发生了什么事，只是拉着妈妈不松手，哭着喊："我要妈妈！我要和妈妈在一起！"

李娜安慰孩子："强强乖，妈妈会经常来看你的，给你买零食和玩具……"

一开始，李娜确实时常来看强强，也留下了一些抚养费。但是，自从她再次怀孕，生下与现任丈夫的儿子后便很少来了，之后更是对强强不闻不问。

再后来，爷爷、奶奶向李娜索要强强的抚养费，李娜也总是以经济条件不好、压力大为由不愿意支付。老人家要求李娜将儿子王峻的遗产还给强强，也遭到了李娜的拒绝。

为此，老人家诉至法院，要求李娜支付强强的抚养费，并且要求分割儿子王峻的遗产。

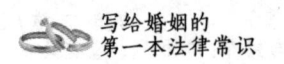

吴律师解读：

从保护未成年子女的利益出发，《民法典》第一千零五十八条规定：**夫妻双方平等享有对未成年子女抚养、教育和保护的权利，共同承担对未成年子女抚养、教育和保护的义务。**同时，第一千零六十七条第一款规定：**父母不履行抚养义务的，未成年子女或者不能独立生活的成年子女，有要求父母给付抚养费的权利。**

因此，李娜作为强强的母亲，在具有抚养能力的情况下，应当承担抚养强强的责任。就算她有实际困难不得不将强强交由爷爷、奶奶抚养，也应当支付抚养费，而不是彻底不闻不问，否则就涉嫌遗弃罪。

《中华人民共和国刑法》第二百六十一条规定：**对于年老、年幼、患病或者其他没有独立生活能力的人，负有扶养义务而拒绝扶养，情节恶劣的，处五年以下有期徒刑、拘役或者管制。**

王峻父母对法院提出的要求是合理、合法的，李娜不仅要履行对强强的抚养义务，还需要分割王峻的遗产。在没有遗嘱的情况下，先对夫妻共同财产进行分割，夫妻各一半，再对王峻的一半进行分割，李娜、强强、爷爷、奶奶各占四分之一。

不做亲子鉴定，可以判断不存在亲子关系

[导读] 维持婚姻关系的基础，是信任与忠诚。有时由于某种原因，男方会怀疑孩子不是自己的，想要进行亲子鉴定。这时候，女方拒绝做亲子鉴定，那么该怎么办呢？

生活中的故事：

张琪和董明结婚两年后，生下儿子董小鹏。原本的小家庭幸福无比，但是董明从他人的议论中听说儿子长得不像自己，便怀疑妻子出轨，就选择与张琪协议离婚。

离婚后，董小鹏随妈妈共同生活。不久，董明后悔了，反省自己听信了别人的谣言，多次恳求张琪复婚。考虑到儿子的成长，外加亲朋好友的劝说，张琪和董明在过完元旦后复婚了。

但是，怀疑的种子一旦发芽，就会肆意生长。董明依旧怀疑儿子不是自己亲生的，动不动就冲着孩子发脾气，还对着张琪阴阳怪气地说些难听的话。直到一年后，董小鹏因为生病住院需要输 O 型血时，他的怀疑更加重了。因为他的血型是 AB 型，张琪是 O 型血，两种血型结合是不可能生出 O 型后代的。

董明与张琪发生了激烈的争吵，并要求进行亲子鉴定，但是遭

到张琪的拒绝。张琪愤怒地说："你要是不相信我，我们就离婚！一直怀疑儿子不是你亲生的，这是对我和儿子最大的侮辱。"

董明："想要我相信你，很简单，马上去做亲子鉴定。"

张琪："小鹏就是你的亲生儿子，不管你信不信，反正我拒绝做亲子鉴定，丢人！"

董明只好起诉到法院，要求与儿子做亲子鉴定，并且追加张琪为第三人。法院审理后认为，董明提供了充分证据，包括本人、张琪、董小鹏的血型，与张琪婚后育子矛盾的证明，已经形成合理的证据链条。张琪坚称董小鹏是董明的亲生儿子，但是未能提供相关证据，同时坚决不同意董明进行亲子关系的鉴定申请，因此判定董明与董小鹏不存在亲子关系。

张琪不服，提起上诉，仍坚持不同意做亲子鉴定。法院驳回上诉，维持原判。

吴律师解读：

关于亲子关系的确认和否认，法律做出了明确规定。其法律依据为《民法典》第一千零七十三条：**对亲子关系有异议且有正当理由的，父或者母可以向人民法院提起诉讼，请求确认或者否认亲子关系。**

对亲子关系有异议且有正当理由的，成年子女可以向人民法院提起诉讼，请求确认亲子关系。

案例中，董明发现儿子、妻子和自己血型之间的问题，对亲子关系产生异议，是有权利向人民法院提起诉讼，请求确认或者否认亲子关系的。

同时，《婚姻家庭编的解释（一）》第三十九条规定：**父或者母向人民法院起诉请求否认亲子关系，并已提供必要证据予以证明，另一方没有相反证据又拒绝做亲子鉴定的，人民法院可以认定否认亲子关系一方的主张成立。**

父或者母以及成年子女起诉请求确认亲子关系，并提供必要证据予以证明，另一方没有相反证据又拒绝做亲子鉴定的，人民法院可以认定确认亲子关系一方的主张成立。

董明怀疑自己与儿子之间不存在亲子关系，向法院提起诉讼，即请求否认亲子关系。张琪没有相反证据，又坚决不做亲子鉴定，所以法院依据法律规定认定两人之间不存在亲子关系。

需要注意的是，如果董明没有任何证据，只是因为别人的闲话就怀疑、否定与儿子之间的亲子关系，那么法院是不会受理的。

离婚了，孩子到底归谁

[**导读**] 夫妻离婚后，孩子归谁要根据实际情况来确定。当然，前提是要维护好未成年子女的合法权益。

生活中的故事：

方志和静怡结婚后育有一个一岁半的儿子，最近，两人因感情出现问题准备离婚。在律师朋友的帮助下，方志起草了离婚协议：婚后的夫妻共同财产一人一半，婚房归方志所有，补给静怡30万元（包括首付款和增值部分），而后房贷由他一个人偿还；儿子的抚养权归方志，静怡不需要支付抚养费，每周可以见儿子两次。

然而，静怡不赞同该协议，说："我要儿子的抚养权，因为儿子还小，离不开妈妈。"

方志："不行，儿子是我们家的独苗，我不可能把抚养权让给你。"

静怡见方志如此坚持，劝说道："儿子从小到大没有离开我一步，你怎么忍心让他失去妈妈？再说，你工作忙，时常半夜三更才回家，哪儿有时间带孩子，还不是扔到奶奶家！"

方志："你已经好几年没有工作了，怎么养孩子？"

静怡："我已经找到工作了，会有稳定的经济收入，而且还有我妈妈帮忙，我可以给孩子更好的陪伴和照顾。"

方志反驳道："你每个月就挣几千元，养活自己都困难，怎么给孩子提供优越的生活条件和教育条件？我是公司合伙人，每年的分红高达几十万元，是得到孩子抚养权的最佳人选。"

方志和静怡都想得到儿子的抚养权，各不相让。于是，静怡向法院提起诉讼，要求将儿子的抚养权判给自己。

法院经过审理认为，父爱与母爱对于孩子的成长都非常重要，但是孩子未满两周岁，且与母亲生活时间比较长，为了孩子的健康成长，将抚养权判给静怡；方志按月支付儿子的抚养费 2000 元，至其十八周岁时止；女方不得阻止男方探望孩子。

吴律师解读：

在离婚案件中，法院判定抚养权归属时主要从孩子的成长角度出发，会考虑孩子的年龄、父母双方的经济条件、与孩子的感情、孩子的主观意愿等因素，目的是为孩子营造安全、幸福的生活条件，促进孩子身体与心理的健康成长。

《民法典》第一千零八十四条规定：**父母与子女间的关系，不因父母离婚而消除。离婚后，子女无论由父或者母直接抚养，仍是父母双方的子女。**

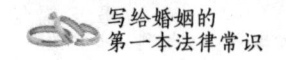

离婚后，父母对于子女仍有抚养、教育、保护的权利和义务。

离婚后，不满两周岁的子女，以由母亲直接抚养为原则。已满两周岁的子女，父母双方对抚养问题协议不成的，由人民法院根据双方的具体情况，按照最有利于未成年子女的原则判决。子女已满八周岁的，应当尊重其真实意愿。

案例中，孩子只有一岁半，且一直由妈妈照顾，所以法院直接判决由静怡抚养是非常合理的。即便孩子超过两周岁，但是一直由静怡照顾，再加上方志工作繁忙，可能将孩子交由祖父母抚养，法院也会优先考虑将抚养权判给与子女生活时间较长的静怡。

再婚后，父亲拒绝支付孩子的抚养费

[导读] 父母与子女之间的关系，不因父母的离婚而解除，无论是父亲还是母亲都应该承担起抚养、教育、保护子女的义务。那么，再婚的父亲如果拒绝支付抚养费，孩子应该怎么办呢？

生活中的故事：

五年级学生洋洋的父母离婚了，他跟着妈妈一起生活。

原本洋洋父母签订了离婚协议，约定洋洋由妈妈抚养，爸爸每月支付1500元的抚养费，直到洋洋年满十八周岁。前几年，爸爸还按时支付抚养费,也时常带着洋洋出去玩,给洋洋买各种玩具、零食。然而,从今年10月开始,爸爸便以各种理由推托本应支付洋洋的抚养费。

经过了解,洋洋爸爸已经再婚,继母强烈反对继续支付洋洋的抚养费,还阻止丈夫和洋洋见面。洋洋非常伤心,打电话给爸爸:"爸爸,你不要我了吗?为什么不来看我?""妈妈每个月只有4000元的收入,独自一个人抚养我,还要给我报课外班,压力非常大。你为什么不给妈妈打钱了?"

一开始,爸爸还开解洋洋,说一些关心他的话。慢慢地,爸爸就很少接电话了,好不容易与洋洋沟通一次,也只是说:"你阿姨怀孕了,爸爸要养小弟弟,压力也非常大。我不是不给你抚养费,而是无能为力……"

面对这种情况,洋洋要如何维护自己的合法权益呢?

吴律师解读:

爸爸拒绝支付儿子洋洋抚养费的行为是违法的,洋洋和妈妈可以向人民法院提起诉讼,要求爸爸按照协议支付抚养费,并且补齐所欠的那部分。

《民法典》第一千零八十五条规定:**离婚后,子女由一方直接抚养的,另一方应当负担部分或者全部抚养费。负担费用的多少和期限的长短,由双方协议;协议不成的,由人民法院判决。**

前款规定的协议或者判决,不妨碍子女在必要时向父母任何一

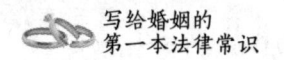

方提出超过协议或者判决原定数额的合理要求。

从法律角度来说，抚养孩子并不是父亲或者母亲一方的责任，只要父母有能力抚养子女，就必须履行抚养义务。所以，洋洋和妈妈向法院提起诉讼要求，一定能得到法院的支持。

在胜诉之后，若洋洋爸爸还不按时支付抚养费，洋洋和妈妈还可以申请法院进行强制执行。

抚养费不等于生活费

[导读] 很多父母在离婚后，认为每月给孩子几百元生活费，能保障孩子最基本的生活保障就算尽到了抚养义务。

从法律角度来说，抚养费和生活费并不是一回事。

生活中的故事：

小北的父母离婚了，他跟着妈妈共同生活，只是偶尔到爸爸家过周末。

小北妈妈开了一家服装店，操持这个家、照顾小北的生活和学习很是辛苦。由于小北要上特长班、课外辅导班，花销越来越大，妈妈就感觉特别吃力，便和小北爸爸商量由他分担一部分费用。

小北爸爸质疑道："我每个月都给你打1000元生活费，为什么还要分担其他费用？"

小北妈妈解释道："现在物价这么贵，孩子需要买的东西也不少，你这1000元只够孩子的基本生活费，难道孩子上课外辅导班不要钱吗？难道孩子生病吃药不要钱吗？"

小北爸爸依旧表示不满："小孩子上那么多课外班有什么用，花销大不说，对学习也没有什么帮助……我现在的经济压力也非常大，没有能力分担这些费用。"

小北妈妈生气地说："小北只是上了两个课外班，这笔费用也算基本的教育费，属于抚养费的一部分，是你应该承担的。"

那么，小北妈妈的要求合理吗？抚养费都包括什么呢？

吴律师解读：

有能力抚养孩子的离异父母，只支付生活费是远远不够的。

从法律角度来说，抚养费和生活费不是一回事。《婚姻家庭编的解释（一）》第四十二条规定：**《民法典》第一千零六十七条所称"抚养费"，包括子女生活费、教育费、医疗费等费用。**

本案例中，爸爸需要承担小北的教育费用，只要不是花销巨大的培训班，或者上贵族学校的费用就可以。

那么，如何确定抚养费的数额呢？父母双方可以协商解决，如果协商不了，则需要按照法律规定来确定。《婚姻家庭编的解释（一）》第四十九条规定：**抚养费的数额，可以根据子女的实际需要、父母双方的负担能力和当地的实际生活水平确定。**

有固定收入的，抚养费一般可以按其月总收入的百分之二十至三十的比例给付。负担两个以上子女抚养费的，比例可以适当提高，但一般不得超过月总收入的百分之五十。

无固定收入的，抚养费的数额可以依据当年总收入或者同行业平均收入，参照上述比例确定。

有特殊情况的，可以适当提高或者降低上述比例。

这说明，抚养费并不是父母一方说给多少就是多少，必须合理且合法。不直接抚养孩子的一方不能只提供孩子的生活费，直接抚养孩子的一方也不能索要超额的抚养费。

孩子是外婆带大的，母亲有优先抚养权

[导读] 现在，大部分父母忙于工作，孩子一般交由外婆或者奶奶照顾。当父母离婚时，帮忙照顾孩子的一方，在争取抚养权时就有了优势，容易得到抚养权。

生活中的故事：

萧萧的儿子东东今年四岁了，丈夫丁锐是公司的业务骨干，工作繁忙，而且时常到外地出差，照顾家庭的时间比较少。萧萧自己开店，时间也不自由，晚上忙碌起来经常是九点多才回到家。

于是，东东从小就由外公、外婆带。为了方便照顾外孙，老人家还在萧萧所在的小区租了一套房子。一开始，萧萧和丁锐会在早上把东东送到外婆家，晚上到那里吃饭，然后把孩子接回家。等到东东大一些时，他便住在外婆家，由外婆接送上幼儿园，只有周末或者萧萧不忙时才接回自己家住。

外公、外婆每天都把时间花在东东身上，不仅把孩子的饮食起居照顾得非常好，还懂得学习科学育儿，给孩子讲故事，带孩子做一些早教活动、外出运动，等等。一晃两年过去了，在老人家的悉心照顾下，东东成长为聪明、健康、懂事的小男孩，非常招人喜欢。

然而，萧萧与丁锐因为各自忙碌，缺少沟通，婚姻走到了尽头。在财产分割上，两人达成一致，却在东东抚养权的归属问题上产生了分歧。两人都想要东东的抚养权，协商不成便闹上了法庭。

法院经审理认为，虽然萧萧和丁锐的条件相当，但是孩子长期跟随外祖父母生活，与老人家产生了深厚的感情。为了孩子的身心健康，也为了不让孩子离开熟悉的生活环境，便将抚养权判给母亲萧萧。

吴律师解读：

在父母抚养子女条件基本相同，且均要求子女与其共同生活的情况下，法院一般会考虑跟随谁生活对子女健康成长无不利影响，然后按照最有利于未成年子女成长的原则做出判决。

《婚姻家庭编的解释（一）》第四十七条规定：**父母抚养子女的条件基本相同，双方均要求直接抚养子女，但子女单独随祖父母或者外祖父母共同生活多年，且祖父母或者外祖父母要求并且有能力帮助子女照顾孙子女或者外孙子女的，可以作为父或者母直接抚养子女的优先条件予以考虑。**

案例中，东东跟着外公、外婆共同生活多年，对老人家产生了强烈的感情和依赖，一旦强迫其和老人家分开，可能对其心理健康产生伤害。同时，老人家有能力继续照顾外孙，这对东东的成长是有利的。

根据以上法律规定和综合情况，法院认为萧萧具有直接抚养子女的优先条件，于是将抚养权判给了她。

抚养权也可以变更

[导读] 夫妻离婚后，子女抚养权的归属经常是一个争议问题。如果离婚协议约定或者法院判定抚养权归母亲，是不是父亲就不可以再得到抚养权了呢？

当然不是。

生活中的故事：

楠楠与丈夫离婚时，儿子小天已经八岁了，抚养权判给了丈夫，楠楠每月支付1000元抚养费，每周日可以接儿子到身边。

其实，当初离婚时楠楠原本要争取小天的抚养权，但是考虑到前夫的经济条件优越，能给小天提供更好的生活环境和学习资源，便忍痛放弃了。

周末到了，楠楠从前夫家里将小天接过来，发现他的情绪不高，而且额头上还有一处伤疤。楠楠忙询问小天是怎么受伤的，小天的眼神有些躲闪，说是和同学踢球不小心碰到造成的。

随后，好几次和小天见面，楠楠都发现他的情绪不对劲儿，还小心翼翼地询问能不能和妈妈多待几天。

经过追问，楠楠才了解了事情真相：前夫的工作比较忙，几乎没有时间管小天，不是让他点外卖就是吃泡面，自己还时常半夜回家，把小天一个人扔在家。不久，前夫交了女朋友且已经同居，前夫让女友照顾小天，但是女友对小天有敌意，动不动就冤枉他顽皮捣乱、不好好学习、不尊重自己。前夫对女友的话深信不疑，只要女友一告状，他就打骂小天。上次小天额头上的伤，就是前夫恼怒之下用茶杯砸的。

小天越说越伤心，问道："妈妈，我能不能和你一起生活？爸爸要是和李阿姨结婚，她就成为我的后妈了，我不想要那样的后妈……"

楠楠心疼地搂着儿子，对前夫的行为也感到异常愤怒。楠楠找到前夫大吵一架，指责他不负责任，随后向法院提起诉讼，要求变更儿子的抚养权。

法院经过审理，认为孩子爸爸没有尽到抚养责任，生活环境对孩子的身心健康成长确有不利影响，且儿子愿意跟妈妈一起生活，因此对楠楠变更抚养关系的请求予以支持。

吴律师解读：

根据法律规定，在离婚后的任何时间，孩子的抚养权都是可以变更的。其依据是有抚养权的一方能否很好地照顾子女，能否为其提供良好的成长环境。双方可以对此进行协商，如果协商不成可以向法院起诉。《婚姻家庭编的解释（一）》第五十五条规定：**离婚后，父母一方要求变更子女抚养关系的，或者子女要求增加抚养**

费的，应当另行提起诉讼。

不过，抚养权的变更不是随意的：今天你不想要了，就干脆放弃；明天你想要了，又与另一方协商。这种情况下，即便起诉也得不到法院的支持。

抚养权的变更是有条件的。《婚姻家庭编的解释（一）》第五十六条规定：**具有下列情形之一，父母一方要求变更子女抚养关系的，人民法院应予支持：**

（一）与子女共同生活的一方因患严重疾病或者因伤残无力继续抚养子女；（二）与子女共同生活的一方不尽抚养义务或有虐待子女行为，或者其与子女共同生活对子女身心健康确有不利影响；（三）已满八周岁的子女，愿随另一方生活，该方又有抚养能力；（四）有其他正当理由需要变更。

根据以上法律规定，爸爸不能好好照顾儿子小天，且偏信女友导致小天的身心受到伤害，楠楠可以诉讼要求变更孩子的抚养权。人民法院基于有利于子女的身心健康、尊重未成年人意愿的原则，支持楠楠的请求。

父母一方不能私自给孩子改姓

[导读] 孩子可以随父亲姓，也可以随母亲姓。相关法律规定，未满十八周岁的未成年人，父母、收养人有权利向户口登记机

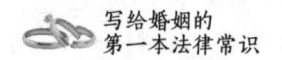

关申请姓氏变更。

那么，父母一方能私自给孩子改姓吗？

生活中的故事：

赵曼和孙宇的感情出现问题，于是协议离婚。儿子孙乐乐不满三周岁，由赵曼抚养；孙宇每月按协议承担抚养费，也时常把儿子接回家照顾，父子的感情非常不错。

一年后，孙宇组建了新家庭，又有了一个小儿子。之后，孙宇陪伴孙乐乐的时间越来越少，抚养费也不能按时支付。

赵曼非常气愤，认为孙宇没有尽到作为父亲的义务，于是到街道派出所户籍科为儿子提交了变更姓名的申请，同时伪造了孙宇同意的签名，将"孙乐乐"更名为"赵乐乐"。

后来，孙宇得知儿子改姓的事，与赵曼发生激烈争吵："你为

什么擅自给孩子改姓？他是我们孙家的子孙，就应该姓孙。"

赵曼反驳："孩子可以随你姓，也可以随我姓。现在我是孩子的直接监护人，有权利给他改姓。而且，你根本不在乎这个儿子，不关心他，不支付抚养费，有什么资格当孩子的爸爸！"

孙宇指出："不管怎样，你没有征求我的同意就私下给孩子改姓，这是违法的。"接下来，孙宇把赵曼告上法庭，要求法院恢复儿子原姓。

法院经过审理，认为赵曼擅自变更儿子的姓氏侵犯了孙宇的合法权益，支持孙宇恢复儿子原姓氏的请求。

吴律师解读：

法律规定孩子可以随父姓，也可以随母姓，但是需要双方协商一致。从另一角度来说，父母是未成年子女的监护人，在子女姓名问题上有平等的权利。离婚后，任何一方变更未成年子女姓名时都必须征求对方的同意，否则就是无效的。

《婚姻家庭编的解释（一）》第五十九条规定：**父母不得因子女变更姓氏而拒付子女抚养费。父或者母擅自将子女姓氏改为继母或继父姓氏而引起纠纷的，应当责令恢复原姓氏。**

案例中，赵曼是儿子的直接监护人，即便与孙宇离婚了，她也没有权利擅自将孩子的姓氏由"孙"改为"赵"。同样，赵曼再婚后，也不能将儿子的姓氏改为继父的姓氏。所以，法院判定赵曼存在违法行为，责令其恢复儿子原姓氏。

一方生病，另一方也需尽扶养义务

[导读] 婚姻需要相爱、相持、相助，夫妻之间也有相互扶养的义务，而不是一方有了困难或者生了病，另一方便抛弃爱人而去。这是不道德的，也违反了法律规定。

生活中的故事：

一年前，潘莉莉得了比较严重的肾病，不能工作，不能照顾丈夫和孩子，每周还要去做血液透析。丈夫赵磊不仅要料理家庭事务，还要照顾五岁的儿子彬彬，这让他身心疲惫。

而后，潘莉莉的病情没有好转，反而有加重的迹象，她只能卧床休息。为了给妻子治病，赵磊已经花光家里的所有积蓄，还欠下不少债务。多重压力下，赵磊向潘莉莉提出离婚，自然遭到潘莉莉的拒绝。

潘莉莉声泪俱下："当初你在众人面前宣誓，说不论贫穷还是富有、不论疾病还是健康，都愿意爱我、保护我，永远忠心不变。现在我生病了，你却要离婚，对得起良心吗？"

赵磊无奈地说："不是我不愿意照顾你，只是我实在支撑不住了。"

经过多次沟通，赵磊并没有改变主意，还是拒绝继续照料潘莉莉，也拒绝支付任何医疗费用，还和彬彬搬到父母家。潘莉莉没有办法，只能求助于父母。随后，父母从老家赶过来，将她接回老家照顾。

两年后，赵磊以分居两年、感情破裂为由，向法院提起离婚诉讼，且要求将儿子彬彬的抚养权判给自己。

那么，赵磊的请求能得到法院的支持吗？潘莉莉应该如何维护自己的合法权益？

吴律师解读：

俗话说："夫妻本是同林鸟，大难当头各自飞。"但是我国法律不允许这样做，道德上也会受到他人的谴责。

在婚姻关系中，夫妻应当风雨同舟、相互扶持，如果一方生病了，另一方就应该给予对方照顾和关爱，并协助其积极治疗。《民法典》第一千零五十九条规定：**夫妻有相互扶养的义务。需要扶养的一方，在另一方不履行扶养义务时，有要求其给付扶养费的权利。**

案例中，赵磊抛下重病、无法料理家庭事务且无经济收入的妻子潘莉莉，还提出离婚要求，违背了应该遵守的公序良俗。所以，人民法院不会支持其请求。

潘莉莉也可以向法院提出诉讼，要求赵磊履行扶养义务。如果赵磊依旧不履行扶养义务，则可以要求其支付扶养费，用法律来维护自己的合法权益。

断绝父子关系？法律不承认

[导读] 日常生活中，父子发生矛盾是常有的事，因某事把关系闹僵也时有发生。在冲动之下，有的人就签署了《断绝父子关系协议书》，约定双方断绝父子关系，老死不相往来，即：父母不再管子女任何事，遗产也不留给子女，子女也不用赡养父母。

那么，这种断绝父子关系的协议，是否具有法律效力？

生活中的故事：

刘瑞与父母因为婚事问题发生了争吵，因为刘瑞爱上了一个女孩，准备与她结婚且去北京打拼一番。但是父母却看上了自己朋友的女儿，私下与朋友定下婚约，还为刘瑞联系好了工作单位，买好了婚房。

刘瑞坚决不听从父母的安排。为了抗争，他一年多都没有回家看望父母，平时打电话沟通，也时常因为这件事争吵起来。后来，刘瑞带着女友回家，希望和父母好好谈谈，没想到父亲愤怒地说："你要是和她结婚，我就不认你这个儿子！"

刘瑞也生气地大声喊道："不认就不认！"

父子俩发生了激烈的争吵。父亲一气之下起草了一份《断绝父子关系协议书》，协议约定：从今天起，父亲刘××与儿子刘瑞断绝父子关系，刘瑞无权继承父母的财产，也不用负赡养的义务。此后发生任何事情，双方都毫无瓜葛，老死不相往来。

就这样，刘瑞负气离开家，与父母断绝了联系。几年后，父亲生病住院，先后做了两次大手术，母亲这才给刘瑞打电话，要求他前来探望父亲，并且承担一些医疗费用。

谁知，刘瑞以已经断绝父子关系为由，拒绝探望和承担父亲的医疗费。一气之下，母亲将刘瑞告上法庭，要求其履行赡养义务。

吴律师解读：

事实上，刘瑞必须履行赡养义务，因为这是法律规定的强制性义务。

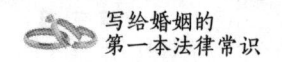

《民法典》第二十六条规定：**父母对未成年子女负有抚养、教育和保护的义务。**

成年子女对父母负有赡养、扶助和保护的义务。

可以说，父子关系不是说断就能断的。

从血亲关系来说，父子、母子关系属于自然血亲关系，一旦成立，是不可能随便解除的。从法律角度来说，《断绝父子关系协议书》违背了社会道德和公序良俗，违反了法律的强制性规定，不具有法律效力。

同时，为了保护受赡养人的权益，《民法典》第一千零六十七条第二款规定：**成年子女不履行赡养义务的，缺乏劳动能力或者生活困难的父母，有要求成年子女给付赡养费的权利。**所以，刘瑞以签订协议为由拒绝探望和承担父亲的医疗费是不成立的，必须按照法律规定履行赡养父母的义务。

儿媳是否有赡养公婆的义务

[导读] 赡养老人是子女的一项法定义务。在日常生活中，儿媳通常会协助丈夫赡养公婆，照顾公婆的饮食起居，陪公婆看病治病。

那么，在丈夫去世的情况下，儿媳是否有赡养公婆的义务？

/第三篇/
抚养与赡养：有权利，也有义务

生活中的故事：

李大姐被丈夫的弟弟和其父母告上了法庭，要求李大姐承担赡养老人的义务，每年支付赡养费、医药费 10000 元。

丈夫的弟弟称，父母生育了哥哥与自己，两人成家多年，之前一直是两人共同赡养父母。但是哥哥去世后，父母就由自己一个人赡养，嫂子一直没有尽到赡养义务。一年前，母亲在做家务时不小心摔伤，自己为其支付了所有医疗费，嫂子只是来探望过几次，照料了几天，并未支付任何费用。现在父母已经没有劳动能力，也无其他经济来源，所以向法院申请共同赡养。

李大姐则认为，赡养父母是子女的事情，自己只是儿媳，没有赡养的义务。而且，在丈夫生前，自己已经帮助丈夫照顾公婆，丈夫去世后也时常探望老人家，给予物质和经济上的帮助。

法院审理认为，赡养父母是中华民族的传统美德，也是子女应尽的义务。不过，儿媳与公婆并非法律上的父母和子女关系，不具有父母和子女之间的权利和义务，于是判决李大姐不用承担赡养义务，可以采取自愿的方式。

吴律师解读：

根据法律规定，赡养人的配偶应当协助赡养人履行赡养义务，但这只是协助义务，而不是赡养义务。而且，这种协助义务只适用于夫妻关系存续期间。另外，法律没有规定儿媳对公婆必须要有赡养义务，所以李大姐不赡养公婆并不违法。

如果父母已经去世，有能力赡养祖父母、外祖父母的孙子女、外孙子女是有赡养老人的义务。其法律依据是《民法典》第一千零七十四条：**有负担能力的祖父母、外祖父母，对于父母已经死亡或者父母无力抚养的未成年孙子女、外孙子女，有抚养的义务。**

有负担能力的孙子女、外孙子女，对于子女已经死亡或者子女无力赡养的祖父母、外祖父母，有赡养的义务。

这说明，若是李大姐的子女已经成年且有负担能力，在父亲去世的情况下是有赡养祖父母的义务的。如果李大姐协助子女赡养老人，也是可以的。

第四篇

协议离婚：
保护自己的最大权益

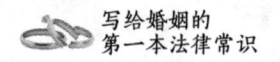

签订离婚协议后与第三者交往，也算婚内出轨

[导读] 夫妻离婚，是不是签订了离婚协议，就代表双方没有任何关系了？当然不是。从法律角度来说，婚姻当事人签订了离婚协议，不等于解除了婚姻关系。

生活中的故事：

李浩和房妍因为感情不和签订了离婚协议，李浩便搬离原来居住的地方，后又被公司派到外地工作一年。一年后，李浩回到本市，与女同事郑某确定恋爱关系，虽然没有长时间同居，但是周围的朋友都知晓两人是恋人。

等到李浩打算与女友结婚时，才想起自己与房妍还没有领取离婚证。当他找到房妍商议去民政局办理离婚手续时，房妍提出要修改离婚协议，把"婚内购买房产进行分割，李浩分得50%，房妍分得50%"修改为"婚内购买房产归房妍一人所有"，把"双方在婚姻关系存续期间内的共同财产60万元，李浩分得35万元，房妍分得25万元"修改为"双方在婚姻关系存续期间内的共同财产60万元，李浩分得20万元，房妍分得40万元"。

李浩表示不解："离婚协议是我们商定好的，为什么现在要修改？而且，这套房产是我们共同出资购买、共同还贷的，属于夫妻共同财产，为什么归你一个人所有？"

房妍却说："你出轨了。你与女友高调恋爱、招摇过市，我已经拿到了充足的证据。"

李浩却不认同："可是我们已经签订了离婚协议……"

房妍："没有拿离婚证，你就是婚内出轨！"李浩争辩不下去了。

吴律师解读：

其实，李浩与房妍虽然签订了离婚协议，但是没有到民政局进行离婚登记，从法律上说不算离婚。在这期间，李浩与女友交往、同居的行为属于婚内出轨，违反了婚姻忠诚义务。

《民法典》第一千零七十六条规定：**夫妻双方自愿离婚的，应当签订书面离婚协议，并亲自到婚姻登记机关申请离婚登记。**

离婚协议应当载明双方自愿离婚的意思表示和对子女抚养、财产以及债务处理等事项协商一致的意见。

换句话说，离婚协议签订后，夫妻两人必须办理离婚手续才算生效。同时，离婚协议一式三份，双方一人一份，民政局存档一份；离婚登记，必须是当事人双方亲自到场，不能委托别人代理。

所以，李浩在婚内与女友发生关系，属于婚内出轨行为。不过，如果房妍想要修改离婚协议，必须两人协商一致。协商不一致，房妍想要维护自己的合法权益就要向法院提起诉讼，同时拿出充分的证据才能要求多分财产。

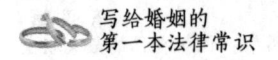

"劝和不劝分",离婚需要冷静期

[导读] 有一些年轻夫妻容易情绪化,经常因为个人主义而大吵大闹,冲动之下就做出离婚的决定。还有一些年轻人不懂得经营婚姻,当爱情淡了、激情消退了,便想要逃离婚姻的枷锁。也有一些年轻人的夫妻感情明明没有问题,却因为家庭琐事争吵不断,认为只有离婚才可以解决问题。

正因为这些人的情感不理智和对婚姻的不负责,法律新规定了离婚冷静期。

生活中的故事:

杨熙和晓晓一见钟情,从热恋到迈入婚姻殿堂只用了三个月。

原本,两人认为爱情与婚姻都是美好的,可是等到共同生活之后,他们却发现婚姻里还充斥着柴米油盐等各种繁杂琐事、矛盾冲突。

婚后一个月,两人便因谁做家务谁做饭、周末是在自己家休息还是回婆家、杨熙沉迷打游戏而晓晓喜欢买买买等琐事争吵不断。两人都非常自我,不懂得妥协,导致夫妻关系越来越紧张。

一个周末,晓晓让杨熙陪自己逛街。

/第四篇/
协议离婚：保护自己的最大权益

杨熙明明答应好了，却在出发前接到朋友电话约他一起"打排位赛"。杨熙就对晓晓说："要不，我们下周再去逛街吧，我一定陪你买你最喜欢的口红、大衣！"

晓晓生气了："你就是大骗子，说话不算话！不行，你今天必须陪我去逛街！"

杨熙知道理亏，讨好道："我给你发个大红包，你找闺密一起去逛街，好不好？"

晓晓不依不饶，一把抢过杨熙的手机摔在地上，还说："今天你不陪我逛街，我们就离婚！"

看着破碎的手机，杨熙积累的情绪爆发了："离婚就离婚！明天，咱们在民政局门口不见不散！"说完，他摔门而出。

第二天，两人一大早就来到民政局，申请办理离婚登记手续。询问理由后，工作人员劝他们不要冲动离婚，要相互理解。但是两

人都不肯服软,坚持提交离婚登记申请。结果,工作人员又告知他们,可以接受他们的申请,但是想要拿到离婚证还需要三十天的冷静期。

两人只好怏怏地离开了。

吴律师解读:

杨熙和晓晓是冲动之下做出离婚决定的典型案例,所以工作人员按照法律规定增加离婚冷静期是合理的。

《民法典》第一千零七十七条规定:**自婚姻登记机关收到离婚登记申请之日起三十日内,任何一方不愿意离婚的,可以向婚姻登记机关撤回离婚登记申请。**

前款规定期限届满后三十日内,双方应当亲自到婚姻登记机关申请发给离婚证;未申请的,视为撤回离婚登记申请。

这说明,杨熙和晓晓是自愿协议离婚且申请了离婚登记,但是婚姻登记机关给予两人三十天的冷静期。其间,任何一方反悔都可以撤回离婚申请;超过三十天,两人没有申请领取离婚证就视为撤回离婚申请,婚姻关系继续存在。

事实证明,离婚冷静期是必要的。杨熙和晓晓冷静下来之后,都为自己的冲动决定而后悔,于是向民政局撤回了离婚登记申请,同时开始相互包容,事事都商量着来。

离婚协议不能回避应尽义务

[导读] 协议离婚,是不是双方自愿离婚且写好协议就可以了? 当然不是,离婚协议要合规、合法,不是想怎么写就怎么写,否则就是无效的。

生活中的故事:

琪琪与阿强因为婚后感情不和、矛盾不断,决定协议离婚。经过多次沟通,两人签订了《离婚协议书》,内容如下:本人琪琪,女,出生于××年××月××日,身份证号码为××××××;本人阿强,男,出生于××年××月××日,身份证号码为××××××。

男方与女方于××年××月××日结婚,现感情破裂,自愿离婚。双方协商一致,签订离婚协议如下:

1. 双方自愿离婚。
2. 财产已分割完毕,双方对此无异议。
3. 双方在婚姻关系期间没有共同债务,任何一方的债务由负债方个人自行承担。
4. 自签订协议日起,男女双方不再干涉对方任何事情。

接下来，琪琪与阿强拿着离婚协议来到民政局，申请离婚登记。然而，工作人员看到离婚协议后表示这份协议不正规，应当载明双方自愿离婚的意思表示和对子女抚养、财产及债务处理等事项协商一致的意见。

琪琪疑惑地问："我们已经约定了财产和债务的处理方式，且双方达到了一致意见。离婚协议要怎么写才正规呀……"

吴律师解读：

很明显，琪琪和阿强签订的《离婚协议书》并不符合法律要求，是无效的，所以民政局工作人员无法对他们进行离婚登记。

《民法典》第一千零七十八条规定：**婚姻登记机关查明双方确实是自愿离婚，并已经对子女抚养、财产以及债务处理等事项协商一致的，予以登记，发给离婚证。**

这表明，夫妻双方签订书面离婚协议中，应该明确双方离婚是自愿的，明确约定了财产、债务的处理方式，包括：有哪些夫妻共同财产或个人财产，哪一部分财产归谁所有；有哪些夫妻共同债务或个人债务，哪一部分债务归谁偿还或两人共同偿还。

琪琪和阿强的离婚协议过于简单，没有明确约定财产和债务的具体项目与处理方式，过后容易产生分歧，所以不符合法律要求。

需要注意的是，协议中不能对离婚附加期限条件，不能损害债务人的合法权益，不能对夫妻共同财产做出不公平的分割，否则离婚协议就是不合法的。

/第四篇/
协议离婚：保护自己的最大权益

保证书到底有没有法律效力

[导读] 保证书很常见，我们小时候向老师、家长写过保证书，保证"不再犯错""下次得 100 分"；长大后也向配偶写过保证书，保证"我永远爱你""如果婚后做了对不起对方的事，本人就净身出户"……

那么，在婚姻关系中，夫妻向其中一方写的这种保证书具有法律效力吗？

生活中的故事：

静静与丈夫祁东结婚多年，但因为祁东的个人作风问题而导致感情破裂，目前正在协议离婚。

静静起草了一份离婚协议，其中一条为：双方经协商，夫妻共同财产全部归静静一人所有，包括两人名下的房产、车子及共同经营的店铺。祁东净身出户，不分割任何夫妻共同财产。

祁东拒绝签下这份离婚协议，说："这个家业大部分是我一个人挣下来的，凭什么要我净身出户？"

静静反驳说："没有我的支持，没有我在背后操持这个家，你能挣下这么大的家业？而且，净身出户是你承诺过的，也写了保

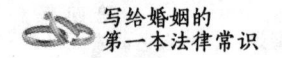

证书。"

原来，两人结婚时一无所有，祁东做生意还赔了不少钱。为了支持丈夫打拼事业，静静拿出自己的个人财产，祁东写下了保证书：保证婚后所有财产都归妻子所有，我绝不做出对不起妻子的事情。双方签下自己的名字，并按了手印。

后来，祁东的生意做得越来越顺，两人的生活越来越好，家产也越来越大。然而，祁东开始飘了，不仅对静静不闻不问，还与年轻女下属暧昧起来，产生不正当感情。

此事被静静发现后，祁东再次写下保证书：我保证以后不再做对不起妻子的事，日后若是出轨，本人自愿净身出户。

而后，祁东并没有真心经营婚姻，对家庭和孩子不管不顾，依旧与那个女友频繁联系。静静心灰意冷，要求与祁东协议离婚，指出祁东按照自己所签的两份保证书不分割任何夫妻共同财产，"净身出户"。

吴律师解读：

婚姻存续期间，夫妻任何一方写的保证书不一定具有法律效力，需要视实际情况而定。那么，什么样的保证书符合法律规定呢？

《民法典》第一百四十三条规定：**具备下列条件的民事法律行为有效：（一）行为人具有相应的民事行为能力；（二）意思表示真实；（三）不违反法律、行政法规的强制性规定，不违背公序良俗。**案例中，祁东是具有完全民事行为能力的成年人，且自愿签订保证书，内容也表达了其真实意思，没有违反有关法律规定和公序良俗，所以他的保证书具有法律效力。

同时，祁东所写的两份保证书是对夫妻共同财产的处理约定，且采取了书面形式，有双方的签字、手印。根据《民法典》第一千零六十五条的相关规定，可以判定该保证书有法律效力。

这意味着，祁东所写保证书是对夫妻共同财产处理的真实意思表示，因此，该保证书具有法律约束力，静静的要求是合理的。

家庭主妇不会"净身出户"

[导读] 很多女性在婚后放弃工作机会，将心思放在丈夫和孩子身上，不仅承担了整个家庭的相关责任，还没有了经济来源。

然而等到离婚时，丈夫却以"不挣钱""没贡献"为由，让妻子签下"净身出户"的离婚协议。

这时，家庭主妇应该怎么办呢？

生活中的故事：

李莎和胡鹏结婚生下儿子之后，李莎便辞去工作，专心当起了家庭主妇。在以后八年多的时间里，李莎全职照顾家庭，不让胡鹏做一点儿家务；把儿子也教育得非常好，学习成绩优异，平时辅导作业、接送辅导班也是她一个人操劳；还担负起照顾胡鹏父母的责任，经常给他们买各种生活用品，带他们到医院看病。

可以说，李莎是胡鹏的贤内助，全心全意照顾着这个家。胡鹏除了每个月给生活费、孩子的教育费用，没有承担过任何家务，一有空闲就跟朋友聚会。

随着时间的推移，李莎和胡鹏的共同语言越来越少，感情也越来越淡，于是决定离婚。李莎要求平分夫妻共同财产，胡鹏却不同意，认为李莎婚后没有挣过一分钱，没有权利分割"他"的财产。

李莎愤怒地说："我不工作，还不是为了照顾家庭。婚后，我全职抚养儿子、照料老人，承担了绝大部分家庭义务，对于家里的贡献一点儿都不少，理应分割夫妻共同财产。"

胡鹏还是坚持不同意分割财产。为此，李莎咨询了律师，律师给出建议：李莎不仅可以分割夫妻共同财产，还可以要求胡鹏给予她经济补偿。因为在婚姻关系中，李莎是承担家庭义务较多的一方，法律保护这一方的合法权益。

吴律师解读：

在婚姻关系中，家庭义务是需要夫妻共同承担的。为了维护承担较多家庭义务一方的合法权益，法律提出了"家务劳动补偿制度"的新规定。《民法典》第一千零八十八条规定：**夫妻一方因抚育子女、照料老年人、协助另一方工作等负担较多义务的，离婚时有权向另一方请求补偿，另一方应当给予补偿。具体办法由双方协议；协议不成的，由人民法院判决。**

案例中，李莎聘请的律师与胡鹏进一步沟通，向胡鹏解释了法律的相关规定。胡鹏也自知理亏，于是在律师的见证下起草了离婚协议，表明双方自愿离婚；愿意平均分割夫妻共同财产，并给予李莎10万元作为补偿金；儿子由胡鹏抚养，李莎每月支付1000元抚养费。

事实上，若是胡鹏坚持让李莎"净身出户"，李莎可以向人民法院起诉，肯定能得到法院的支持。关于补偿金的数额，可以根据李莎放弃工作造成的经济方面损失以及承担家庭义务的价值来确定。

婚前写的离婚协议是否有效

[导读] 现在，婚前签订离婚协议的年轻人并不少，目的是避免婚后产生财产纠纷、债务纠纷。那么，这种婚前写的离婚协议，离婚时具有法律效力吗？

生活中的故事：

杨乐和黎黎是一对结婚五年的夫妻，育有一儿一女，因感情问题正协议离婚。沟通子女抚养和共同财产分割问题时，黎黎拿出两人婚前写好的离婚协议，说："我们就按照这个协议处理吧。"

原来，杨乐和黎黎在婚前非常相爱，为了给黎黎充分的安全感，且展现自己作为男人的担当和责任感，杨乐提前拟好了《离婚协议书》。协议内容为：婚后，哪些财产为个人财产，哪些财产为夫妻共同财产，如果离婚，黎黎可以分得 80% 以上的财产份额；约定婚后生育两个子女，若是离婚了，子女一人抚养一个，各自不必支付对方抚养费；约定离婚后婚房归黎黎所有，杨乐搬出婚房；如果杨乐有外遇，必须净身出户外，还赔偿黎黎 10 万元……

杨乐拿着《离婚协议书》仔细阅读了一会儿，说："离婚协议不是应该结婚后签订吗？这是我们结婚前签订的，这样的协议无效。"

黎黎不服气，说："这份离婚协议是我们两人自愿签订的，符合相关法律的约定，也不违背公序良俗，为什么无效？"

杨乐："我们当时还没有结婚，何谈签订离婚协议呢？"

黎黎："那当初你和我签订这份协议，只是糊弄和欺骗吗？"

杨乐一时语塞。

吴律师解读：

其实，婚前签订关于财产、债务等处理方式的协议书，属于婚前协议。

根据法律规定，婚前协议只要不违反现行的法律法规，是双方真实意思表示，双方签字确认就具有法律效力。离婚时，有一方不执行，就有可能违反《民法典》第五百七十七条规定：**当事人一方不履行合同义务或者履行合同义务不符合约定的，应当承担继续履行、采取补救措施或者赔偿损失等违约责任。**

同时，《民法典》第一千零六十五条规定了夫妻财产约定制，说明男女双方可以约定婚前和婚后财产的归属权，对双方都具有法律约束力。

但是，协议中若是涉及"附条件的离婚"，比如案例中约定离婚后财产如何分割、子女如何抚养，就可能被判定为无效。因为我国法律认为婚姻生活要用心经营、长久维持，不能用离婚来约定协议内容。

离婚时，生活困难一方可以要求经济帮助

[导读] 婚姻存续期间，夫妻双方应该相互扶持，能一起享受生活美好，也能一起度过各种难关。那么，当婚姻破裂导致双方选择离婚时，一方没有能力工作或者收入微薄，另一方是否有提供经济帮助的义务呢？

生活中的故事：

袁浩和吕双是一对刚结婚的年轻人。袁浩风华正茂，事业有成，吕双大学毕业参加工作没有多久，双方相识两个月就登记结婚了。

过了半年，吕双突发心脏病，在医院治疗后身体也是非常虚弱，就在家中休养了很长时间。直到这时，吕双才对袁浩说出实情：她从小就患有先天性心脏疾病，随时有发病的危险，且无法怀孕

生育。

吕双对于自己的隐瞒也心存愧疚，便主动提出协议离婚。因为双方的感情基础薄弱，又迫于父母的压力，袁浩就同意了离婚。

因为结婚时间短，双方没有什么夫妻共同财产，房子也是袁浩婚前的个人财产，两人就涉及不到夫妻共同财产分割的问题。但是，吕双为自己的日后生活很担忧，因为现在需要休养就没有办法工作，离婚后自己无固定住所、无经济来源，生活将陷入困境。

吕双向朋友倾诉："我现在身体虚弱，需要休养一年半载才能工作，真的很担心这段日子怎么过。父母为了给我治病已经掏光了积蓄，我也不想再向父母伸手要钱……"

朋友提议："你可以向袁浩要求一定数额的经济帮助。"

吕双有些犹豫："可是我们马上要离婚了，我没有理由向袁浩要钱，我也对不起人家……"

朋友："法律有离婚时对困难一方经济帮助的规定，你只是在

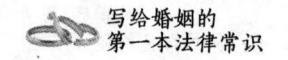

维护自己的合法权益。"

吕双没有办法，根据朋友的建议向袁浩提出了经济帮助的要求。

吴律师解读：

离婚经济帮助规定、家务劳动补偿规定、离婚损害赔偿规定，是《民法典》明确规定的三大离婚救济法律条文，目的是保护夫妻双方基本的生存利益不受损害，也是为了促进家庭祥和。

案例中，袁浩和吕双在婚姻存续期间并无共同财产，吕双没有住房，且因疾病长时间无法工作而失去收入来源，导致她无法维持当地一般生活水平。而袁浩事业有成，收入较为可观，且在本地有住房，有能力给予吕双一定的经济帮助。

《民法典》第一千零九十条规定：**离婚时，如果一方生活困难，有负担能力的另一方应当给予适当帮助。具体办法由双方协议；协议不成的，由人民法院判决。**所以，吕双可以与袁浩协商，要求他每月给予一定数额的经济帮助，或者一次性给予经济帮助。如果袁浩不同意，吕双可以向人民法院诉讼自己的要求，法院一定会支持她的要求。

不过，吕双要记得一点，经济帮助是有限的，她不能提出过高的要求，也不能长期依赖袁浩的帮助。

事先约定无须支付抚养费，过后能否再起诉支付

[**导读**] 离婚协议是夫妻双方自愿签订的一种协议，签订时约定一方无须支付抚养费，之后另一方又因为某种原因起诉对方支付，这可以得到法院的支持吗？

生活中的故事：

一年前，朱珠和王鹏协议离婚。离婚协议有一条约定：三岁女儿的抚养权归女方，男方无须支付抚养费；男方每月有一次探视权，探视时间和方式由双方商议。

结果，现在朱珠反悔了，要求王鹏每月支付抚养费3000元，直到孩子十八周岁；承担离婚后到起诉这段时间，女儿的抚养费、教育费约10万元。王鹏直接拒绝："离婚协议约定我不直接抚养子女，且不需要支付抚养费，你就应该遵守执行，在短短时间内反悔是不合法的。"

朱珠理直气壮地说："虽然我们离婚了，但孩子还是你女儿。现在孩子上学需要用钱的地方多，我没有能力支付，你就应该支付抚养费！"

王鹏："你让孩子就读的是贵族幼儿园，每年学费就6万元，

这明显超过了一般家庭的承受能力。就算当初协议中约定我需要支付抚养费，我也不可能愿意、有能力支付如此高额的教育费用。"

朱珠："作为父母，谁不愿意让孩子享有最好的教育资源……"

王鹏："但是也要考虑自身的经济状况，况且离婚协议约定孩子的抚养费是由你负担，这是我们协商一致的。我们离婚一年多了，协议已经生效，我不会为如此高额的教育费用买单。"

于是，朱珠到法院起诉，按照自己的意愿要求王鹏支付女儿的所有费用。

吴律师解读：

离婚协议，是夫妻双方自愿解除婚姻的一种法律文书。

《民法典》第四百六十五条规定：**依法成立的合同，受法律**

保护。依法成立的合同，仅对当事人具有法律约束力，但是法律另有规定的除外。签订后的离婚协议具有民事合同性质，对于当事人具有法律约束力，双方都必须遵守其中约定。

案例中，离婚协议约定朱珠直接抚养女儿，王鹏不需要支付抚养费，是双方自愿、商议一致做出的决定，且该协议不违反法律及行政法规的强制性规定，那么这份协议就具有法律效力，双方都应该遵守执行。然而，朱珠却在离婚一年后反悔了，以孩子的教育名义索要抚养费，这是不合理、不合法的。

同时，《民法典》第一千零八十五条也做出规定，即法院判决生效后，不妨碍子女在必要时向父母任何一方提出超过协议或者判决原定数额的合理要求。就是说，离婚协议约定王鹏不支付抚养费，如果朱珠的经济条件发生变化、孩子突发重大疾病时，是可以要求王鹏支付的。如果朱珠的经济条件没有变化，且她主张的教育费用是非必要的、不合理的，那么双方就需要按照离婚协议约定执行。即便朱珠起诉，法院也不会受理或者不支持其请求。

协议离婚后，就反悔财产分割有什么条件

［导读］ 协议离婚后，如果一方发现另一方存在过错，比如出轨、有私生子等情况，能否向法院提起诉讼，要求重新分割财产？

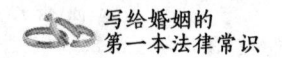

生活中的故事：

方芸与张伟已经协议离婚一年了，无意间，方芸听朋友说起张伟在他们离婚前出轨了，出轨对象是他的大学同学。两人在大学期间彼此就有好感，但因为各种原因未能在一起。当时两人是参加同学聚会，曾经产生情愫的他们很快就旧情复燃。

一气之下，方芸找到张伟问罪。张伟承认了出轨事实，表示自己与女同学私下交往了一段时间，但很快就结束了这段不正常的关系。

方芸认为张伟在他们婚姻关系存续期间违背了夫妻间忠诚的原则，而自己在不知道张伟出轨的情况下签订了离婚协议，所以离婚协议中关于处理夫妻共同财产的内容是无效的。于是，方芸诉至法院，以张伟隐瞒婚内出轨的事实为理由，要求重新分割离婚协议中的夫妻共同财产。

庭审时，方芸表示："张伟出轨，是我们夫妻感情破裂、双方离婚的主要原因。但我们签订离婚协议时，张伟隐瞒了婚内出轨的事实，侵犯了我作为合法配偶的权益，作为无过错方理应多分割财产。"

张伟却说："我们离婚，与我的出轨行为没有关系。虽然我曾经隐瞒出轨事实，但是离婚协议已经对夫妻共同财产及个人财产进行了明确分割，是双方真实意思表示，应当是有效的。"

那么，法院会支持哪一方呢？

吴律师解读：

协议离婚后，方芸就财产分割问题反悔，是有权利向法院提起诉讼要求重新分割的。这是法律赋予她的合法权益。

《婚姻家庭编的解释（一）》第七十条规定：**夫妻双方协议离婚后就财产分割问题反悔，请求撤销财产分割协议的，人民法院应当受理。**

人民法院审理后，未发现订立财产分割协议时存在欺诈、胁迫等情形的，应当依法驳回当事人的诉讼请求。

这说明，方芸与张伟协议离婚，然后到民政局婚姻登记机关登记备案，他们之间就财产分割问题达成的协议已经产生了法律效力。只有调查出他们在签订协议时，张伟存在欺诈、胁迫等情况，法院才会支持方芸的诉讼请求。

另外，根据《民法典》第一千零九十二条规定，若是张伟存在隐瞒、转移、变卖、毁损夫妻共同财产的行为，方芸也可以要求重新分割财产。

如果没有发生以上两种情况，离婚协议就是有效的，方芸的请求在法律上不予支持。不过，针对张伟在婚内出轨的行为，方芸可以要求精神损害赔偿，这会得到法院的支持。

离婚协议中涉及的无效条款有哪些

[导读] 离婚协议的内容，一般包括离婚理由、子女抚养和财产处理三项。如果当事人不懂法，有意或无意列入一些不合法的条款，就会导致协议无效。

生活中的故事：

秀花和杜宇结婚有了孩子以后，时常因为抚养孩子问题而争吵，矛盾越来越深。秀花不想在不幸的婚姻中消耗自己，也不想让孩子在糟糕的原生家庭中成长，于是提出了离婚。

杜宇不同意，后经家人的劝说，终于同意协议离婚。

签订协议时，两人就孩子的抚养权问题产生了分歧，互不相让。最后，杜宇做出让步，表示愿意让出抚养权，但是有一个要求——秀花在三年内不得再婚，否则孩子的抚养权归自己所有。

为了能离婚，秀花答应了这个要求，并且在离婚协议中写入了这一条。随后，两人到民政局申请离婚登记。但是，工作人员以"离婚协议不得附条件"为由，拒绝受理其离婚申请。

秀花非常疑惑，问道："我们是自愿离婚，也签订了离婚协议，为什么不给办理呢？"

工作人员表示:"法律规定离婚协议是不可以附加条件的,离婚行为不允许处于一种效力极其不确定的状况。简单来说,你们的离婚协议无效。"

在这种情况下,秀花和杜宇的离婚事宜只能暂时放下来。

吴律师解读:

从法律角度来说,民事行为是可以附条件的,但是离婚不可以附条件,离婚协议更不可以附条件,否则就意味着给其生效设定了条件。这属于无效协议。

事实上,离婚协议主要涉及了子女抚养与财产分割条款,一旦附条件就使得本应确立的法律效力变得无法确立,违反了法律及行政法规的强制性规定。

《民法典》第一百五十八条规定：**民事法律行为可以附条件，但是根据其性质不得附条件的除外。附生效条件的民事法律行为，自条件成就时生效。附解除条件的民事法律行为，自条件成就时失效。**

那么，离婚协议中的哪些条款是无效的呢？

1.离婚××年后，一方才能再婚；

2.一方不得再婚，或者不得与特定人结婚；

3.一方在债务还清之日起方可离婚；

4.再婚后不得生育子女，或不得把财产分给其再婚生育的子女；

5.子女抚养费支付到十八周岁之后。

第五篇

诉讼离婚：
讲程序，也讲证据

分居两年，夫妻关系不会自动解除

[导读] 很多人有这样的想法："我和老公分居两年多了，夫妻关系是不是就自动解除了？""我搬出去住，两年后是不是就自动离婚了？"

这样的想法是错误的。

生活中的故事：

大刚和方然结婚后，居住在方然婚前买的一套房子里，二人育有一个儿子。此后，方然便将心思全部放在儿子和家务事上，不仅冷落了大刚，还对他百般挑剔，嫌弃他没事业、不会挣钱，时不时说出伤人的话："你就是没本事！我是倒了多大的霉才嫁给你！""你再这样没有出息，就从我的房子里滚出去！"

大刚忍无可忍，向方然提出离婚，遭到拒绝后便搬离家中，一个人在外租房居住。两人分居一年后，大刚前往外地工作，其间遇到了善解人意的新女友，并与女友同居。

又过了一年，大刚认为自己与方然分居两年已经自动解除婚姻关系，便与女友举行了婚礼，且生下一子。

等孩子到一岁了，大刚"一家人"回到本市：一是领着"妻子"

第五篇
诉讼离婚：讲程序，也讲证据

和孩子见父母；二是到民政局领取结婚证。当他们来到婚姻登记机关时却被告知："你还没有离婚，不能再领取结婚证。"

大刚愣住了，发出疑问："难道不是分居两年就自动解除婚姻关系了吗？"当然，他得到了否定的答案。

为此，大刚找到方然提出离婚要求。方然得知大刚的实际情况后，一纸诉状将大刚告上法庭……

吴律师解读：

在我国的法律中，没有"分居两年自动解除婚姻关系"的规定。法律规定，夫妻双方因感情不和分居满两年，一方诉讼到法院经调解无效应准予离婚，并不意味着分居满两年就自动解除婚姻关系。

离婚只有两种方式：一是协议离婚，二是诉讼离婚。

关于协议离婚，法律有如下规定：夫妻双方自愿离婚的，应当签订书面离婚协议,并亲自到婚姻登记机关申请离婚登记。关于诉讼离婚,法律则规定:夫妻一方要求离婚的,可以由有关组织进行调解或者直接向人民法院提起离婚诉讼。

《民法典》第一千零八十条规定:**完成离婚登记,或者离婚判决书、调解书生效,即解除婚姻关系。**就是说,无论当事人选择哪种方式离婚、满足了什么条件,都不能自动解除婚姻关系。

大刚只有拿到民政局颁发的离婚证,或者法院下达了离婚判决书、调解书,才算是与方然正式离婚。否则,这期间与他人结婚就构成了"重婚罪"。

提起离婚诉讼应注意哪些问题

[导读] 离婚诉讼,是夫妻解除婚姻关系的一种方式,即当事人向法院递交起诉书,提出与另一方解除婚姻关系的请求。

具体来说,当事人怎样提起离婚诉讼呢?他(她)需要明确哪些注意事项呢?

生活中的故事:

李欢和马小飞经人介绍认识,半年后举行了结婚仪式,随后登记结婚。双方婚前没有感情基础,婚后也未建立起夫妻感情,且在三观认知上存在很大分歧,所以婚后的生活并不和谐。在一年后,李欢准备离婚。

当李欢提出离婚时,马小飞并不同意,认为感情可以培养,三观可以调和,草率离婚是对婚姻的不负责。为了打消李欢的离婚念头,马小飞冲动之下还撕毁了二人的结婚证。

这让李欢感到十分头疼,但是她也坚定了一定要离婚的想法,于是她搬回娘家居住。虽然马小飞多次前来劝解,但是李欢都没有回心转意。

面对这种情况,李欢向闺密抱怨:"结婚证被撕,马小飞不同意离婚,我该怎么办呢?"

闺密说:"你可以诉讼离婚,要求解除两人的婚姻关系。"

在闺密的引荐下,李欢咨询了一名律师,然后到人民法院提交了离婚诉讼所需的材料,申请与马小飞离婚。

吴律师解读：

《民法典》第一千零七十九条规定：**夫妻一方要求离婚的，可以由有关组织进行调解或者直接向人民法院提起离婚诉讼。**

人民法院审理离婚案件，应当进行调解；如果感情确已破裂，调解无效的，应当准予离婚。

有下列情形之一，调解无效的，应当准予离婚：（一）重婚或者与他人同居；（二）实施家庭暴力或者虐待、遗弃家庭成员；（三）有赌博、吸毒等恶习屡教不改；（四）因感情不和分居满二年；（五）其他导致夫妻感情破裂的情形。（后略。）

案例中，二人的结婚证被马小飞撕毁，且马小飞不同意离婚，李欢就要通过诉讼来离婚。

人民法院受理后，诉讼离婚程序随即开始。当然，只有具备以下条件，人民法院才能受理诉讼，即起诉者应向人民法院提交诉状和副本。其中，诉状包括原告和被告的姓名、性别、年龄、籍贯、工作单位及现住址；诉讼请求和所根据的事实和理由；证据和证据来源、证人姓名和住址。

接下来，法院先对当事人进行调解，调解不成就会开庭审理。这个过程中，当事人需要出示书证、物证和视听资料，进行辩论。最后就是判决，准予离婚或者不予离婚。

诉讼离婚与协议离婚不同，我们需要了解相关的法律条文，熟悉法律程序，正确运用法律知识来维护自己的权益。

/第五篇/
诉讼离婚：讲程序，也讲证据

提起离婚诉讼后，还可以撤诉

[导读] 夫妻一方因为冲动，诉讼离婚后又被对方感化的情况在生活中并不少见。

那么，协议离婚有冷静期，可以反悔撤回离婚申请，诉讼离婚后也可以申请撤诉吗？撤诉的条件是什么？

生活中的故事：

章华和齐妙恋爱时很是亲密，只是章华爱喝酒，经常招呼朋友聚会。婚后，因为工作原因，章华喝酒应酬更严重了，时常深夜才回到家。

齐妙多次耐心劝解，章华都没有改掉这个坏习惯。一次，章华再次醉酒回家，走路都东摇西晃的，齐妙虽然十分不开心，但是依旧搀扶他到沙发上躺好。

搀扶过程中，章华无意识地一扬手，不小心打到齐妙的脸上，把她的左眼眶都打肿了。章华酒醒后不断道歉，但是齐妙的怒气并没有消散，想起婚后章华屡教不改的醉酒习性，她一气之下就向法院提出离婚诉讼。

法院受理此案后，经过调解，齐妙仍坚持离婚，于是法院宣布

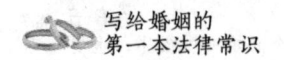

择期开庭审理。

在等候开庭审理的这段时间，章华多次找齐妙沟通，希望齐妙能原谅自己，保证以后自己再也不酗酒了，即使有应酬也尽量控制自己的酒量。

齐妙被章华的真诚所感动，认为两人还有感情，且章华平时对自己非常好，打伤自己的眼眶也是无心之失。于是，齐妙向法院申请撤诉。

吴律师解读：

其实，在法庭宣判前，原告是可以以书面或口头形式向人民法院提出撤回诉讼请求的。

《中华人民共和国民事诉讼法》（以下简称《民事诉讼法》）第一百四十八条规定：**宣判前，原告申请撤诉的，是否准许，由人民法院裁定。人民法院裁定不准许撤诉的，原告经传票传唤，无正当理由拒不到庭的，可以缺席判决。**

不过，申请撤诉有一定的条件：撤诉人必须是提起诉讼当事人或者法定代理人；撤诉是出于自愿，且符合法律规定；必须在法院宣判前撤诉。

那么，撤诉后，原告还可以再次诉讼离婚吗？可以，不过有相关条件的限制。

《民事诉讼法》第一百二十七条第七款规定：**判决不准离婚和调解和好的离婚案件，判决、调解维持收养关系的案件，没有新**

情况、新理由，原告在六个月内又起诉的，不予受理。因此，齐妙可以撤诉，她与章华的婚姻关系仍然有效。过后，二人又产生了矛盾，齐妙只能等六个月后才能再次提起诉讼离婚。

被家暴，一定要选择诉讼离婚

［导读］很多人面对家暴，要么选择隐忍，要么选择协议离婚。要是施暴方不同意离婚，被施暴方便不再要求离婚。

事实上，家暴后，被施暴方选择诉讼离婚才是正确的选择。

生活中的故事：

李莉与魏恒结婚一年多了，两人一直很恩爱。一天，因为一些经济问题，两人产生了矛盾，争吵得非常激烈。情绪激动之下，魏恒动手打了李莉一巴掌，导致李莉嘴角流血、眼冒金星。李莉一时怒火攻心，立即收拾了一些随身物品回到父母家。

事后，魏恒万分懊悔，恳求李莉原谅，表示自己只是一时冲动，日后绝对不会再动手打她一下。李莉回想两人恋爱、结婚的这几年，魏恒一直是温文尔雅的，脾气比较好，对自己也不错，再加上她不想让父母担心，便原谅了魏恒。

然而，家暴有了第一次，就会有第二次、第三次。两个月后的一天，魏恒与朋友喝完酒回到家，李莉说了几句他的身上全是烟酒味，魏恒又对李莉动手了。这一次比上一次更严重，一拳打得李莉眼眶红肿。

李莉不再选择原谅，表示坚决离婚。

李莉拟定了《离婚协议书》，对二人婚姻存续期间夫妻共同财产、各自个人财产进行了明确的分割处理，要求魏恒签字。魏恒拒绝签字并苦苦央求李莉，表示自己会痛改前非，且写下了保证书。

当魏恒看到自己哭求无果后，对李莉又是一阵拳打脚踢。

为此，李莉咨询了婚姻方面的专业律师。律师建议她诉讼离婚，因为协议离婚需要双方同意且有三十天的冷静期，直接向法院诉讼离婚不用受到冷静期的法律限定。

/ 第五篇 /
诉讼离婚：讲程序，也讲证据

吴律师解读：

婚姻存续期间，一方如果被家暴，一定要懂得运用法律常识来维护自己的合法权益。首先，一定要及时报警和就医，报警记录和医院诊断证明都是将来认定家暴的证据；其次，一定要选择诉讼离婚。

被家暴方准备好对方家暴的证据，就可以向法院提起离婚诉讼。人民法院会根据《民法典》第一千零七十九条规定，即实施家庭暴力或者虐待、遗弃家庭成员，调解无效的，应当准予离婚。所以，李莉被家暴后应该立即报警和就医，同时向法院诉讼离婚，而不是选择原谅和协议离婚。

李莉在诉讼离婚时，还要向魏恒提出赔偿。《民法典》第一千零九十一条规定：**有下列情形之一，导致离婚的，无过错方有权请求损害赔偿：**

（一）重婚；

（二）与他人同居；

（三）实施家庭暴力；

（四）虐待、遗弃家庭成员；

（五）有其他重大过错。

为了保护自己的人身安全，李莉还可以申请人身保护，在离婚诉讼提起之前、诉讼中或者诉讼终结后的六个月内提出。

怀孕、分娩和终止妊娠期间的离婚程序

[导读] 法律规定，结婚自由，离婚也自由。不过，在一些特殊情况下，男方提出离婚会受到限制。即便男方诉讼到法院，法院也不会受理，即便受理了也不会支持他的请求。

生活中的故事：

林洋和许爱结婚半年了，感情很好，两人积极备孕，准备第二年就迎来爱情的结晶。幸运的是，许爱很快就怀孕了。林洋对妻子照顾有加，不让她做一点点家务，也不让她受一点点委屈。

怀孕5周时，许爱的孕期反应强烈，吃什么东西都吐，体重增长缓慢。于是，林洋将妈妈接过来，专门照顾许爱的生活起居、饮食营养。

正在这时，许爱公司接下一个大项目，领导希望许爱能负责一个板块。鉴于身体原因，许爱本想拒绝，但是想到生育后自己的事业要停滞一段时间，不如现在冲一冲，能上一个新台阶更好。

林洋和婆婆都劝许爱以孩子为重，工作太累了对身体不好，但是许爱坚持自己的想法。结果不幸的事情发生了，由于过度疲劳，再加上精神压力大，许爱不小心流产了。

林洋和许爱非常伤心，婆婆也失望地离开了。

令许爱没有想到的是，在自己流产两个月后，林洋提出了离婚："之前，你做事经常以自我为中心，我都忍了下来，毕竟谁都有个性。我爱你，会包容你的缺点，但是这一次你明知道自己的身体不适，依旧不听劝告要接下那个项目，导致我们失去了孩子……我们离婚吧！"

许爱反对离婚："我们两人都还年轻，以后肯定会有孩子的。而且，我已经知道错了，希望你能原谅和包容我，可以吗？"

但林洋坚持要离婚，随后向法院提起离婚诉讼。

开庭时，许爱拿出了医院的就诊病历和医疗票据，证实自己在丈夫诉讼离婚前意外流产，同时声称两人的感情未破裂，完全可以修复。

法院经过审理，告知女方终止妊娠后六个月内男方不得提出离婚，同时判定双方感情尚未破裂，希望双方多加沟通，冷静处理夫妻关系。

吴律师解读：

为保护女性的权益，法律规定了男方提出离婚请求的限制条件。《民法典》第一千零八十二条规定：**女方在怀孕期间、分娩后一年内或者终止妊娠后六个月内，男方不得提出离婚；但是，女方提出离婚或者人民法院认为确有必要受理男方离婚请求的除外。**

案例中，林洋在许爱流产两个月后提出离婚的请求被法院驳回。不过需要注意的是，如果上述期限届满后，林洋依旧想离婚，是可以依法行使其离婚请求的，法院也会根据具体情况进行判决。

如果存在特殊情况，比如女方出轨怀上或者生下他人的孩子，那么，即便女方在上述法律规定的时间段，人民法院也会受理男方的诉讼要求，判定双方解除婚姻关系。

起诉重婚，证据非常重要

[导读] 我国法律规定，重婚是违法的，不受法律保护。

当夫妻一方发生这种情况，离婚分割财产和确定子女抚养权归属时，无过错方可以向另一方请求损害赔偿，包括财产损害和精神损害赔偿。

/第五篇/
诉讼离婚：讲程序，也讲证据

生活中的故事：

小柯与莫非在老家登记结婚成为合法夫妻，然后两人来到杭州打工，对生活充满美好的向往。

大城市机会多，竞争压力也大，小柯好不容易找到一家公司职员的工作，每月的工资只有4500元。莫非当上了外卖员，每天辛苦工作到晚上10点，每月也只能挣到8000多元。

不知道什么时候起，小柯越来越看不上莫非了，嫌弃他没有本事。恰好公司的一名部门经理对小柯有好感，对她展开追求。

小柯就隐瞒了自己已婚的事实，和经理谈起了恋爱。

一段时间后，莫非发现小柯的行为有些异常，就开始留意她的一举一动。一天，莫非特意去接小柯下班，他发现小柯与一男子走在一起，举止亲密。莫非当场与小柯大吵一架后，决定离婚。

事后，莫非又抛不下这段感情，表示如果小柯愿意和自己回老家，自己便可以既往不咎。小柯回心转意，和莫非和好并回了老家。

然而，小柯很快就反悔了，她忍受不了老家的生活条件，再次回到杭州与经理同居，并且谎称自己已经离婚了。自此，两人开始出双入对，互称对方"老公""老婆"，邻居都认为他们是一对合法夫妻。

不久，莫非以小柯重婚为由向人民法院提起离婚诉讼，同时要求其给予自己经济补偿10万元。

庭审中，莫非提供了小柯与经理同居、以夫妻相称等证据。法

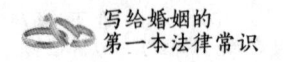

院查明证据属实，判定小柯属于重婚，准许两人离婚且支持莫非要求的经济赔偿请求。

吴律师解读：

在我国，法律保护一夫一妻制，其法律依据为《民法典》第一千零四十一条：**婚姻家庭受国家保护。**

实行婚姻自由、一夫一妻、男女平等的婚姻制度。

保护妇女、未成年人、老年人、残疾人的合法权益。同时，第一千零四十二条第二款规定：**禁止重婚。禁止有配偶者与他人同居。**

案例中，小柯在有合法配偶的情况下，"以夫妻名义与他人同居、生活"的行为属于重婚。如果莫非向人民法院提起刑事自诉，或者向公安机关报案，那么小柯就有可能触犯《中华人民共和国刑法》的有关规定，会受到法律的制裁。

莫非提起的是离婚诉讼，所以对这种重婚行为可以追究其民事责任，要求其承担婚内过错责任。同时，根据《民法典》第一千零九十一条相关规定，即重婚、与他人同居导致离婚的，莫非有权请求损害赔偿。

需要注意的是，诉讼重婚需要受害人准备充分的证据：一是结婚证，证明自己为合法配偶；二是证明对方重婚的证据，包括对方同居的照片或录像，邻居的证言、双方发的亲密短信、所生孩子的亲子鉴定等。

/第五篇/
诉讼离婚：讲程序，也讲证据

一方被监禁，另一方如何起诉离婚

[导读] 诉讼离婚，夫妻一方需要向人民法院提起诉讼请求。

离婚案件属于民事诉讼，人民法院受理第一审民事案件的分工和权限是不同的：原告和被告的住所地、经常居住地，关系到离婚案件的地理管辖问题。如果一方因为触犯法律被监禁，另一方想要诉讼离婚，应该向哪里的法院起诉呢？

生活中的故事：

李泉和阮阮结婚后就离开了家乡，在成都工作多年，近期准备在成都安家、定居。然而，李泉却因酒后一时冲动与他人发生冲突，行为过失导致他人重伤，被处2年9个月有期徒刑。同时，受害人提起民事诉讼，要求李泉支付医疗费、误工费、护理费、交通费等赔偿近20万元。

李泉和阮阮的生活本不富裕，这笔赔偿款对他们来说是一笔不小的数字。阮阮只能卖掉自己名下的一辆汽车，又找亲戚朋友东拼西凑才得以支付完赔偿金。接下来，阮阮的生活很困难，她一个人打两份工以维持生计、偿还债务。

李泉服刑第二年，阮阮提出离婚，双方未能对协议离婚达成一致意见。于是，阮阮准备向法院提起诉讼，便咨询一名有经验的律师："我丈夫正在服刑，我可以诉讼离婚吗？"

> 我丈夫正在服刑，我应该向哪里的法院诉讼离婚呢？

> 根据法律规定，原告住所地与经常居住地不一致的，对被监禁的人提起的诉讼，由原告经常居住地人民法院管辖。

律师："配偶一方正在服刑，另一方是有权利诉讼离婚的。"

阮阮："那我应该向哪里的法院提起诉讼呢？我们是在户口所在地领取的结婚证，但是这些年一直居住在成都，而且我丈夫正在该市监狱服刑。"

律师给出解答："根据法律规定，原告住所地与经常居住地不一致的，对被监禁人提起的诉讼，由原告经常居住地人民法院管辖。所以，你可以向成都市管辖下的人民法院提起诉讼离婚。"

吴律师解读：

根据法律规定，夫妻一方服刑，另一方有权利离婚。一方可以向服刑一方提出协议离婚，如果协商不成，可以向法院起诉。

离婚案件一般属于民事诉讼，依据"原告就被告"的原则，由被告住所地人民法院管辖。如果被告住所地与经常居住地不一致，由经常居住地人民法院管辖。不过，特殊的离婚案件，其管辖权有一定的差别。

案件中，李泉和阮阮离开住所地超过一年，常年居住在成都。因此，阮阮可以在该市（被告经常居住地）人民法院进行诉讼离婚。

事实上，李泉因为过失伤人而服刑，其离婚案件就更特殊了。《民事诉讼法》第二十三条规定：**下列民事诉讼，由原告住所地人民法院管辖；原告住所地与经常居住地不一致的，由原告经常居住地人民法院管辖：……（二）对下落不明或者宣告失踪的人提起的有关身份关系的诉讼；（三）对被采取强制性教育措施的人提起的诉讼；（四）对被监禁的人提起的诉讼。**

依据以上法律规定的第四款，阮阮可以向经常居住地（成都）人民法院提出诉讼离婚请求。

此外，如果夫妻双方都在服刑或者被劳动教养，那么根据《民事诉讼法》解释的相关规定，案件由被告原住所地人民法院管辖。

第一次起诉离婚被驳回，该怎么办

［导读］离婚案件中，如果没有夫妻感情破裂的证据，且另一方不同意离婚，法院一般不会判决离婚。这时候，有离婚意愿的一

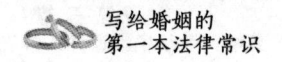

方应该怎么办呢？

生活中的故事：

晓华与李伟打工相识后，发展成为恋人关系。经过一段时间的交往，双方登记结婚。随后，晓华远嫁李伟所在的城市。

一开始，两人的感情还比较好。但好景不长，因为南方与北方的地域差异，双方在生活习惯、消费观念等方面产生了很多矛盾。再加上晓华孤身一人来到陌生的城市，她不适应新的工作，身边又没有几个朋友，情绪越来越烦躁。

李伟不仅对晓华没有给予适当的理解和关怀，反而因为家庭琐事与她争吵不断。慢慢地，两人的感情越来越淡，不是横眉冷对，就是互相不搭理。

晓华感叹远嫁就是一场必输的"赌局"，于是，她在婚后不到一年便向李伟提出离婚，决定回到家乡开始新的生活。

李伟不同意离婚，晓华以感情不和为由向法院提起诉讼，要求与李伟离婚。

在法庭上，李伟称两人是自由恋爱，感情还在，只是因为家庭琐事发生矛盾，希望能继续好好生活。

法院本着维护家庭稳定的原则，希望双方能够珍惜夫妻之间的感情，维系夫妻关系，判决驳回晓华的离婚诉讼请求。

晓华拿到判决结果，不知道该怎样去做了。

吴律师解读：

如果晓华坚持离婚，应该再次提起离婚诉讼。

法院第一次不判决离婚，最重要的原因是李伟不同意离婚，这会让法院认定双方的感情还未破裂。

《民法典》第一千零七十九条第五款规定：**经人民法院判决不准离婚后，双方又分居满一年，一方再次提起离婚诉讼的，应当准予离婚。**就是说，第一次离婚诉讼被法院驳回，晓华可以选择与李伟分居，不履行夫妻义务。等到他们分居满一年后，她再次提起离婚诉讼，表明双方的感情已经破裂，坚决要求解除婚姻关系。

法院审理后，认定他们夫妻感情在上次诉讼之后并未改善，且已经没有挽回的余地，最后判决准予离婚。

一方失踪了，另一方可以起诉离婚

[导读] 婚姻是两个人的事情，若是一方失踪了，另一方想要离婚，该怎么办呢？如果诉讼离婚，法院会支持吗？

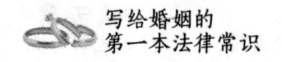

生活中的故事：

艾薇一个人带着儿子默默生活，既要照顾孩子，又要挣钱养活母子俩，很是辛苦。

后来，艾薇遇到了离异且带着女儿的大军，两人彼此互生好感，两个孩子也能玩在一起，关系十分融洽。

艾薇也想与大军更进一步，给默默一个温暖的家，给自己找一个依靠。然而，她知道自己与默默爸爸并没有离婚，默默爸爸只是失踪了而已。

原来，艾薇与默默爸爸结婚近十年了。三年前，他说外地有一个非常好的工作机会，想去闯一闯。可是，几个月后他就失去了联系，杳无音信。

艾薇到那个城市找过丈夫很多次，在当地也报过警，却没有一点儿消息。艾薇一开始还希望丈夫能突然间回来，不过，现在她已经放弃这个奢望了。

大军得知真相后，劝解道："难道你要一直等下去吗？这么多年过去了，你要为自己以后的幸福想一想。你要相信我，我一定会给你和默默带来幸福的。"

艾薇犹豫地说："可是，我和默默爸爸没有离婚，是不能和你结婚的。"

大军说："我们去找位律师咨询一下，相信法院会判决你们解除婚姻关系，那样我们就可以在一起了。"

吴律师解读：

《民事诉讼法》第一百九十条规定：**公民下落不明满二年，利害关系人申请宣告其失踪的，向下落不明人住所地基层人民法院提出。申请书应当写明失踪的事实、时间和请求，并附有公安机关或者其他有关机关关于该公民下落不明的书面证明。**

《民法典》第一千零七十九条第四款规定：**一方被宣告失踪，另一方提起离婚诉讼的，应当准予离婚。**这说明，当事人可以直接向住所地人民法院提起离婚诉讼，法院会予以受理。

案例中，默默爸爸离家杳无音信满两年以上，艾薇想要离婚，就可以按照宣告失踪程序向公安机关报备后宣告其失踪，然后向人民法院诉讼离婚，这样就可以解除婚姻关系了。

需要注意的是，只是宣告一方失踪，并不意味着自动解除婚姻关系。想要离婚，必须按照法律程序诉讼离婚，由法院判决才能解除婚姻关系。

离婚后，如何处理探视权

[导读] 探视权，是夫妻离婚后，不直接抚养子女的父或母按照离婚协议或法院判决，遵循一定的方式和时间探望子女的权利。

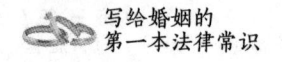

探视权是父母、子女享有的一种权利，任何一方都不能剥夺另一方的合法权益。

生活中的故事：

高丹和宋涛因感情不和决定协议离婚，协议规定女儿的抚养权归宋涛，高丹每周可以探望女儿两次，但是没有明确探视的时间、地点和方式。

离婚后的每周，高丹跟宋涛预约后去探望女儿，还隔一段时间把女儿接到新家吃饭、住宿。谁知半年后，宋涛却不愿意高丹再探视女儿，不是推托孩子功课忙，就是说孩子回爷爷家了。为了这事，高丹没少跟宋涛争吵。

近期因工作需要，公司派宋涛去外地工作三个月。这下，宋涛干脆把女儿送到爷爷家，还声称再也不让高丹探望孩子。

为此，高丹咨询了律师意见，并且委托律师就探视权的具体执行问题与宋涛进行协商，但未果。

为了保障自己的合法权益，高丹把宋涛告上法庭，称其行为严重侵害了自己的探视权，给自己造成了精神创伤。现在诉讼请求在每周双休日可以带走女儿两天，寒暑假可以共同生活15天。

法院经过审理，认为高丹有探望子女的权利，宋涛有协助的义务，而且宋涛没有证据证明高丹的探视会给女儿的身心健康带来不良影响，所以自本判决生效之日起，高丹每周日可探望女儿一次，探望时间为上午9时至下午5时，接送均由原告高丹负责。

吴律师解读：

无论是父还是母，禁止对方探视子女都是违法的。其法律依据为《民法典》第一千零八十六条：**离婚后，不直接抚养子女的父或者母，有探望子女的权利，另一方有协助的义务。**

行使探望权利的方式、时间由当事人协议；协议不成的，由人民法院判决。

父或者母探望子女，不利于子女身心健康的，由人民法院依法中止探望；中止的事由消失后，应当恢复探望。所以，高丹可以通过诉讼的方式来维护自己的合法权益。同时，这也是子女的权利，探视有利于子女健康、快乐地成长。

另外，根据法律规定，探视权也是有限制的。如果一方借探视私自把子女带走并藏起来或者虐待子女，危害子女的身心健康，那

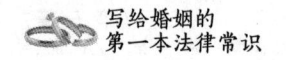

么直接监护人就可以申请对方中止探视。所以，父母要遵守法律规定，合法合理地探视子女，给予孩子最好的陪伴与教育。

离婚案件的上诉和再审

[导读] 民事案件在做出一审判决之后但尚未生效之前，当事人对于判决有异议的可以向上一级法院上诉，案件就会进入二审程序。离婚诉讼属于民事案件，是不是也可以继续上诉呢？

生活中的故事：

杨运和周萌相识不到半年就闪婚了。

结婚前，周萌父母考虑到两人的家庭背景、成长环境以及受教育程度差距较大，极力反对他们结婚，并且多次劝说周萌与杨运分手。无奈，周萌相信自己遇到了真爱，不顾父母的阻挠，执意要与杨运结婚生子。

然而，事与愿违。婚后，杨运并没有好好照顾和关怀周萌，尤其是周萌怀孕时正需要丈夫的悉心照料，杨运却早出晚归——极少数时间是为了工作，大部分时间是与朋友喝酒、钓鱼、打牌。更令周萌气愤的是，杨运还对她的父母心怀"愤恨"，缺少足够的尊重，更别说孝顺了。

这让周萌非常后悔，但仍希望孩子出生后便可以激发杨运的责任心，让他承担起对家庭的责任。

谁知，杨运有着极其严重的重男轻女思想，在周萌生下女儿后，对她更加冷漠了。

周萌忍无可忍，在女儿一周岁时向法院提出离婚诉讼。

法院经审理，认定两人在婚前缺乏了解而草率结婚，婚后又没有建立稳固的感情，且男方没有履行互相照顾的义务，导致双方感情已经破裂，判决准予男女双方解除婚姻关系。

随后，法院又判决，孩子刚满一周岁需要母亲的照顾，所以交由周萌抚养；在财产分割上，为了维护妇女儿童的合法权益，判定周萌可以多分夫妻共同财产，即周萌分得夫妻共同财产的65%，杨运分得共同财产的35%。

杨运对此判决表示不服，于是提起上诉，申请再审。因为杨运是对婚姻关系的判决申请上诉，所以人民法院驳回了他的上诉请求。

吴律师解读：

有人就问了："离婚案件不可以申请上诉吗？"

不是这样的。事实上，离婚案件的争议可以分为两类：一是关于身份关系（是否解除婚姻关系）的纠纷；二是关于财产分割的纠纷。

第一种关于身份关系的纠纷，当法院判决之后是不可以上诉的。《民事诉讼法》第二百零九条规定：**当事人对已经发生法律效力的解除婚姻关系的判决、调解书，不得申请再审。**就是说，法院判决杨运和周萌解除婚姻关系时，两人的夫妻关系就终止了，不能再上诉。

当然，法院判决不予离婚的，一方可以在判决六个月后再次起诉。这里要注意，再次起诉和上诉是不同的。

第二种关于财产分割的纠纷，因为涉及分割财产的公平问题以及离婚时未涉及的共同财产问题，是可以上诉的。《民事诉讼法》第二百零八条规定：**当事人对已经发生法律效力的调解书，提出证据证明调解违反自愿原则或者调解协议的内容违反法律的，可以申请再审。经人民法院审查属实的，应当再审。**

需要注意的是，在法院判决离婚后，一方不服而上诉的这段时间仍处于婚姻存续期间，男女双方所得的财产和收益仍属于共同财产。比如，一方得到长辈赠与的房产属于夫妻共同财产，可以对其进行分割。

第六篇

再婚和收养问题：
重组家庭的烦恼

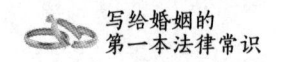

继子女也有赡养义务

[导读] 子女对于父母有赡养义务，继子女与继父母之间没有血缘关系，双方只是因为生父或生母再婚形成的姻亲关系，那么继子女对于继父母有赡养义务吗？

生活中的故事：

徐阿姨和汪叔叔是半路夫妻，两人早年离婚后带着孩子组成新的家庭。当时徐阿姨的女儿七岁，汪叔叔的儿子只有三岁。就这样，一家人其乐融融地生活了二十多年，女儿几年前嫁到了外地，儿子也刚刚新婚。

正当徐阿姨与汪叔叔准备安享晚年时，汪叔叔突发心脏病去世了。徐阿姨伤心过度，身体越来越不好。然而，让徐阿姨更难过的是，儿子和女儿关于自己的赡养问题争执起来。女儿远嫁外地，照顾母亲不方便，便希望弟弟多费心照顾，自己可以多出一些赡养费和医药费。

儿子却理直气壮地说："她是你的亲妈，难道不应该你亲自照顾吗？"

女儿愤怒地说："你太没有良心了！她是我的亲妈，但是你不要忘了是谁辛苦把你养大。从小到大，我妈对你比对我都好，百般照顾，生怕你受一点儿委屈……"

> 我妈妈把你抚养成人，你也应当履行赡养义务。

> 赡养继母是亲生女儿的义务，和我没有关系。

然而，儿子坚持认为赡养继母应当是她亲生儿女的责任，与自己无关。之后，徐阿姨生病住院，儿子也不来照看探望，更没有支付医疗费用。再后来，儿子竟然让徐阿姨搬离家中，说这套房产是爸爸与亲生妈妈婚后购买的，与继母没有任何关系。

最后，徐阿姨只好把儿子告上法院，要求其履行赡养义务，并且分割老伴留下的遗产。

吴律师解读：

继子女对继父母是有法定的赡养义务的。《民法典》第一千零七十二条规定：**继父母与继子女间，不得虐待或者歧视。**

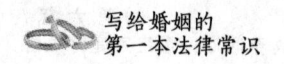

继父或者继母和受其抚养教育的继子女间的权利义务关系，适用本法关于父母子女关系的规定。

当然，赡养义务成立的前提是，继父母履行了抚养义务。案例中，徐阿姨与汪叔叔结婚二十多年，将汪叔叔三岁的儿子抚养长大，所以继子对其有赡养义务。即便汪叔叔去世了，这种权利与义务关系也不会消除。

同时，《民法典》第一千零六十七条也规定了父母有要求成年子女给付赡养费的权利。所以，徐阿姨可以要求继子支付赡养费、医药费，法院会给予支持。

这里要注意一点，如果继父母对继子女没有尽到照顾、抚养、教育等义务，或者父或母再婚时继子女已成年并独立生活，那么，继子女可以不赡养继父母。

老年人再婚，子女不能干涉

[导读] 每个人都有追求自己幸福的权利，享有婚姻自由，年轻人是如此，老年人更是如此。

然而，一些子女却坚决反对、阻挠父或母再婚，干涉父或母的婚姻自由。这是一种不孝行为，也是违法的。

/第六篇/
再婚和收养问题：重组家庭的烦恼

生活中的故事：

王大爷今年六十三岁，老伴去世三年多了，在老年人活动中心参加活动时认识了同小区的方阿姨。方阿姨今年五十八岁，中年离异，一个人含辛茹苦地将女儿养大，如今女儿已经远嫁外地。

接触一段时间后，王大爷和方阿姨互生好感，想着携手互相照顾、互相陪伴度过余生。

方阿姨的女儿非常通情达理，支持母亲再婚，希望母亲能有个幸福快乐的晚年。但是，王大爷的两个儿子得知父亲有了再婚的打算，便提出反对意见。大儿子声称："对方是冲着你的财产来的，你不要被骗了。""现在很多人再婚是为了房产、遗产，我知道方阿姨的经济条件不好，只有一个远嫁的女儿，以后岂不是要我们给她养老……"

小儿子也表示："我们知道你有时候感觉孤独，你可以搬来和我们一起住，顺便能照顾小孙子。""要是你不愿意和我们一起住，又担心无人照顾，我们可以给你请个保姆。"

虽然王大爷声称方阿姨并不是图自己的财产，说自己年纪大了，不想孤独终老。

两个儿子还是反对父亲再婚，大儿子甚至气愤地说："爸，我们是坚决不同意你再婚的。如果你一意孤行，我们就不再给你养老，也不会带孩子再来看你。再婚和我们的亲情，你只能选择一个！"

王大爷非常伤心，他没有想到儿子竟然威胁自己，也不明白为什么老年人不能追求自己的幸福，就得孤独终老吗？

吴律师解读：

王大爷的两个儿子阻止父亲再婚，其行为是违法的，其法律依据为《民法典》第一千零六十九条：**子女应当尊重父母的婚姻权利，不得干涉父母离婚、再婚以及婚后的生活。子女对父母的赡养义务，不因父母的婚姻关系变化而终止。**

王大爷与方阿姨是否再婚，应由他们个人决定，子女都不得干涉。如果儿子因为父亲再婚而不履行赡养义务，他们就违反了法律规定，王大爷可以去法院诉讼来维护自己的合法权益。

/第六篇/
再婚和收养问题：重组家庭的烦恼

再婚双方的子女是否可以结婚

[**导读**] 两人再婚后，重新组成新家庭，男女之间是夫妻关系，各自的子女之间也有了姻亲关系。在这种情况下，子女之间恋爱、结婚是不是违法的呢？

生活中的故事：

熊英和李明的关系比较特殊，熊英的父亲和李明的母亲再婚了，组成新家庭。此时，两人已经成年，各自在外工作、生活，只有逢年过节才偶尔见面。见面次数多了，交流的机会就多了，除了谈论父母，他们也会谈一些年轻人感兴趣的话题。

熊英觉得李明很风趣，有上进心，就产生了莫名的好感。不过，她知道自己不能动心，否则这个家庭关系就复杂了。没想到，李明向熊英表白了，想和她进一步交往。

熊英笑着说："你知道我们之间是什么关系吧？我对恋爱比较认真，只要谈，就是冲着结婚去的。"

李明坚定地回答："我也是认真的，我喜欢你，想和你结婚！"

熊英瞪大了眼睛，问道："我父亲和你母亲结婚了，我们是姐弟关系，咱们结婚是不是违法的？"

李明："我们又没有血缘关系，法律没有强制性规定不能结婚。"

熊英还是有些疑虑："那会不会被旁人说闲话？会不会被父母反对？"

李明笑着说："我已经询问过我妈妈的意见了，她很喜欢你，愿意亲上加亲。妈妈说，你爸爸那边让她沟通就可以了。至于所谓的旁人，我们为什么要在乎他们说什么呢？"

吴律师解读：

关于熊英和李明能不能结婚，这个问题的答案是：可以。不过根据相关法律规定，关于再婚后双方子女是否可以结婚，需要具体问题具体分析。

我国法律没有明确规定再婚后双方的子女不能结婚。事实上，熊英和李明是一种姻亲关系，不属于直系亲属或三代以内的旁系血亲，也不属于拟制血亲关系，所以不属于禁止结婚的范围。在这种情况下，两人是可以结婚的。

《民法典》第一千零四十八条规定：**直系血亲或者三代以内的旁系血亲禁止结婚**。这条法律适用于亲生父母子女之间，也适用于养父母子女之间和有抚养关系的继父母子女之间。在这种情况下，两人是不能结婚的。

进一步来说明，若是双方父母再婚时熊英和李明还未成年，继父母与继子女之间形成了抚养关系，那么熊英和李明就属于拟制血亲关系，在法律上确认其是享有与自然血亲同等地位的亲属，这就不能结婚了。

再婚遗产的分配与继承

[导读] 再婚后的财产，属于再婚夫妻个人或者共有部分。分配遗产时，一方遗产如何进行分配与继承呢？继子女是否与亲生子女享受同样的继承权？

生活中的故事：

张涛面临着遗产继承的纠纷，因为他被姐姐告上了法庭。

张涛一家是重组家庭。二十年前，父亲因意外去世，母亲带着五岁的张涛与继父再婚，当时姐姐（继父女儿）已经十二岁。二十年来，母亲与继父的感情非常融洽，继父和姐姐对张涛也非常好，一家人相互扶持，分享着幸福的生活。

不幸的是，继父于不久前因病去世。

令张涛没有想到的是，姐姐要求继承父亲的遗产，让张涛和母亲搬出父亲的房子，理由是这套房子是父亲再婚前购买的，与两人没有关系；提出自己继承父亲的全部遗产，包括银行存款、股票收益等。

张涛质问:"我母亲和你父亲结婚二十年,属于你父亲的合法配偶,有权继承其遗产。而且,你父亲的大部分财产是婚后所得,属于夫妻共同财产,你凭什么全部继承?"

姐姐知道自己理亏,便表示:"我父亲的遗产可以分配给你母亲一份,但是与你没有任何关系。"

张涛:"不,我同样有继承权,你不能剥夺我的合法权益。"

姐姐不同意张涛的说法,于是向法院提起诉讼,要求分割父亲的遗产。

吴律师解读:

从法律角度来说,继子女与亲生子女同样享有继承权。案例中,姐姐的说法是错误的,即便起诉也得不到法院的支持。

《民法典》第一千一百二十七条规定:**遗产按照下列顺序继承:**

(一)第一顺序:配偶、子女、父母;

（二）第二顺序：兄弟姐妹、祖父母、外祖父母。

继承开始后，由第一顺序继承人继承，第二顺序继承人不继承；没有第一顺序继承人继承的，由第二顺序继承人继承。

本编所称子女，包括婚生子女、非婚生子女、养子女和有扶养关系的继子女。

本编所称父母，包括生父母、养父母和有扶养关系的继父母。

本编所称兄弟姐妹，包括同父母的兄弟姐妹、同父异母或者同母异父的兄弟姐妹、养兄弟姐妹、有扶养关系的继兄弟姐妹。

这说明，张涛、张涛母亲、姐姐三人都是继父遗产的第一顺序继承人，因为张涛母亲与继父存在合法的婚姻关系，继父与张涛存在抚养关系。如果张涛母子所住房子是继父的婚前财产，有充分的证据证明后，那么由张涛、张涛母亲、姐姐三人平分；其他财产属于夫妻共同财产，张涛母亲占50%，继父50%的份额为其遗产，三人各享有三分之一。

未办复婚手续也可继承部分遗产

［导读］根据法律规定，夫妻双方离婚后就不属于合法夫妻，彼此不受权利与义务的制约。那么，两人未办理复婚手续，却"离婚不离家"依旧生活在一起，彼此有了相互扶养的义务。如果一方去世，另一方可以继承他/她的遗产吗？

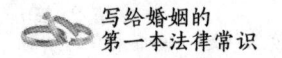

生活中的故事：

刘涛和高洁经常因为家庭琐事争吵而离婚。双方协议约定，三岁女儿归刘涛抚养，高洁有探视权且不需要支付抚养费。

由于两人没有其他房产，且为了女儿的身心健康所需，两人依旧居住在原来的住房，成为关系比较特殊的"邻居"。关系改变后，两人不再因为琐事而争吵，彼此也有了理解和关怀。再加上他们的感情基础比较深，于是二人开始同居，相处比之前更融洽。

随后，刘涛提出复婚要求，高洁却认为这种关系维持得非常好，可以磨合一段时间后再考虑复婚问题。接下来的几年，两人以夫妻名义生活在一起，只是没有办理复婚手续。

不幸的是，刘涛在出差途中遭遇车祸身亡，保险公司和肇事司机共赔偿了42万元。这时，刘涛父母要求高洁交出刘涛的全部遗产，说："你们已经离婚了，只能算是同居关系，你没有权利得到我儿子的遗产。"

高洁解释道："虽然我们没有办理复婚手续，但是我们共同生活多年，彼此照顾帮扶，理应得到一部分遗产。况且，刘涛去世了，女儿的抚养权属于我，你们作为父母的也不能拿走刘涛的全部遗产。"

然而，刘涛父母的态度非常坚决，表示不会把孩子的抚养权让给高洁，也不会把遗产分给她。为此，高洁咨询了律师：我是否可以作为继承人继承刘涛的遗产？

吴律师解读：

首先需要明确的是，刘涛与高洁已经离婚，虽然和好但未到婚姻登记机关进行复婚登记，根据法律规定，高洁不能以配偶的身份得到遗产。

《民法典》第一千零八十三条规定：**离婚后，男女双方自愿恢复婚姻关系的，应当到婚姻登记机关重新进行结婚登记**。就是说，只有在婚姻登记机关恢复了正式的夫妻身份，高洁才是法定继承人，才能依法取得继承配偶遗产的权利。

现在，高洁的情况比较特殊，两人离婚后并未"离家"，而是选择继续共同生活，彼此相互照顾，共同抚养教育孩子，尽到了扶养义务。

《民法典》第一千一百三十一条规定：**对继承人以外的依靠被继承人扶养的人，或者继承人以外的对被继承人扶养较多的人，可以分给适当的遗产**。根据此条规定，高洁作为对被继承人（她丈夫刘涛）扶养较多的人，可以分得刘涛适当的遗产。

从法律角度来说，这种"酌情分得遗产权"是对扶养被继承人一方合法权益的保护，也体现了法律的公正公平。同时，根据相关法律规定，那些依靠被继承人扶养的，缺乏劳动能力又没有生活来源的人，或者对被继承人的生活提供了主要经济来源的，在劳务上给予主要帮扶的人，即便不属于继承人范畴，也可以酌情分得适当的遗产。

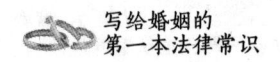

再婚后共同抚养一方子女，离婚后可否要回部分支出

[导读] 再婚之后，一方或双方子女的抚养是一个比较敏感的问题。法律规定，继父母对于继子女有抚养的义务，过后他们若是离婚了，一方是否有权利要回支付的部分或全部费用呢？

生活中的故事：

刘小兰与唐毅再婚时，刘小兰的女儿朵朵年仅十岁，随后唐毅和刘小兰一起抚养、教育女儿，支付其生活费和教育费。

唐毅和朵朵的关系还算不错，朵朵上初中住校后，唐毅每月支付1200元生活费，还时常带着零食、水果看她。朵朵每次给同学们介绍都说"这是我爸爸"，从来没有说过是继父。

后来，因为各种生活琐事，刘小兰和唐毅的关系恶化，夫妻感情越来越糟糕。再后来，刘小兰诉讼离婚，要求解除与唐毅的婚姻关系。

庭审时，双方就夫妻共同财产、个人财产达成共识，但是唐毅却要求刘小兰返还为朵朵支付的生活费和教育费。

唐毅认为，两人结婚之后，自己有义务帮助刘小兰抚养女儿长大成人，现在两人离婚了，自己与刘小兰的女儿没有任何关系，之前为其支付的生活费和教育费就应该返还。

刘小兰不同意，认为两人结婚了，作为继父的唐毅就有义务抚养继女。双方争执不断，难以形成统一意见。

最后，法院只判决了准许刘小兰与唐毅离婚，对唐毅要求返还支付给刘小兰女儿生活费和教育费的请求不予支持。

吴律师解读：

案例中，法院的判决是合理的。刘小兰与唐毅结婚时，女儿朵朵尚未成年，两人共同抚养、教育孩子，已经形成具有抚养教育关系的继父女。

《民法典》第一千零七十二条第二款规定：**继父或者继母和受其抚养教育的继子女间的权利义务关系，适用本法关于父母子女关系的规定。** 即继父母对继子女有抚养义务。

虽然刘小兰与唐毅离婚了，唐毅与朵朵的继父女关系随之消除，但是唐毅不能要求其返还相关费用。因为抚养义务是法定的，不是一个人想怎么来就怎么来的。

已有子女，再收养孩子要符合条件

［导读］收养符合一定的条件，收养人才能收养被收养人。那

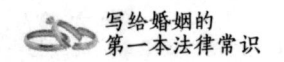

么，一对夫妻已有一个子女，还可以收养孩子吗？

生活中的故事：

韩明和李莉是一对恩爱的夫妻，有一个可爱的女儿已经上了初中。李莉是一名医生，某天医院送来两个发生交通意外导致伤势严重的患者，最终还是抢救无效死亡。

过后，李莉从同事那里得知：两个患者有一个五岁大的女儿，姥姥、姥爷已经去世，唯一在世的亲人爷爷也因年纪大了，没有能力抚养孩子。女孩失去父母后找不到抚养人，可能会被送到福利机构。李莉为女孩感到惋惜，希望能给予她一些帮助。

李莉见到女孩后，觉得她活泼可爱，乖巧懂事，很有眼缘，便想要收养她。于是，李莉找韩明商议这件事，韩明提出疑问："我们已经有了一个女儿，还能收养孩子吗？听说这个女孩还有爷爷，咱们符合收养的条件吗？"

为此，李莉和韩明找到律师咨询。律师表示：女孩失去父母，爷爷没有抚养能力，符合被收养的条件；他们只有一个女儿，有抚养被收养人的能力，是可以收养女孩的。

吴律师解读：

《民法典》第一千零九十八条规定：**收养人应当同时具备下列条件：（一）无子女或者只有一名子女；（二）有抚养、教育和保**

护被收养人的能力；(三)未患有在医学上认为不应当收养子女的疾病；(四)无不利于被收养人健康成长的违法犯罪记录；(五)年满三十周岁。

大家要注意，以上收养条件必须是同时具有，不是具备一条就可以了。

案例中，韩明和李莉只有一个女儿，他们身为公司职员和医生，经济稳定，家庭和谐，具有抚养、教育和保护女孩的能力；同时，两人年龄都超过三十周岁，没有相关不良记录。所以，只要女孩愿意，他们就可以收养她。

另外，《民法典》第一千一百零一条规定：**有配偶者收养子女，应当夫妻共同收养。**韩明和李莉为合法夫妻，其收养行为是夫妻共同收养。

当然，想要收养未成年人，收养人还需要根据法律规定完成以下程序：县级以上民政部门进行登记申请——审查通过后签订收养协议——办理收养公证。

无配偶的男性，收养女孩有一定的限制

[导读] 夫妻符合一定的条件后，可以收养无人抚养的小孩。那么，无配偶者可以收养小孩吗？无配偶的男性，想要收养小女孩需要满足什么条件呢？

生活中的故事：

齐铭在研究生毕业后考上了公职岗位，随后参加了"三扶一支"项目，来到大西北某偏远农村做起扶贫工作。

工作中，齐铭认识了一个小女孩，她父母早早就去世了，跟着爷爷生活了两年。后来，爷爷也得了重病。小女孩只有八岁，就担负起照顾爷爷的重任，生活异常艰难。

在帮扶过程中，齐铭发现女孩很聪明，虽然每天忙着照顾爷爷、做家务，但是学习没有耽误，成绩非常好。不久，女孩的爷爷去世了，女孩成了孤儿。等村干部准备将女孩送往福利院时，齐铭说："我很喜欢这个女孩，我可以收养她。"

接下来，齐铭把女孩接到自己身边，细心照顾，然后到民政局

办理收养登记。工作人员却说:"你收养不了。作为男性,你想要收养女孩,两人的年龄必须相差四十周岁以上。今年你三十岁,女孩八岁,按照法律规定,你不符合收养条件。"

无奈之下,齐铭只好作罢。不过,他没有置之不理,而是积极为女孩寻找条件好的收养家庭。后经朋友介绍,女孩由一对没有生育能力的夫妻收养,养母是老师,养父是医生,可以给予女孩较好的教育和生活。

吴律师解读:

从法律角度来说,收养人对未成年人不是随便就可以收养的。

对于被收养人和收养人,法律都有一定的限制。对于未成年人可以被收养的条件,《民法典》第一千零九十三条规定:**下列未成年人,可以被收养:(一)丧失父母的孤儿;(二)查找不到生父母的未成年人;(三)生父母有特殊困难无力抚养的子女。**

对于成年人可以收养未成年人的条件,除了必须符合《民法典》第一千零九十八条的相关规定,同时对于收养异性未成年人还有明确规定。《民法典》第一千一百零二条规定:**无配偶者收养异性子女的,收养人与被收养人的年龄应当相差四十周岁以上。**

案例中,齐铭与女孩相差二十二岁,而且齐铭没有结婚,所以无法收养女孩。如果齐铭一年后结婚,与妻子共同收养女孩,那么就不受这一法律规定的限制了。

养子女不履行赡养义务，养父母可以要回收养支出

[导读] 根据法律规定，收养关系成立后，养父母和养子女之间的权利义务关系，适用于父母子女关系的规定。就是说，养父母必须抚养养子女长大成人，养子女必须对养父母履行赡养义务。

任何一方不履行义务，都是违法的。

生活中的故事：

谢军和吴莲早年结成夫妻，后因吴莲不能生育，便以夫妻名义共同收养了吴莲姐姐的小女儿谢苗苗。两人把谢苗苗抚育成人，供她上大学，协助她找到了不错的工作。

没有想到，谢军和吴莲因为感情不和解除了婚姻关系，谢苗苗也跟着吴莲搬离家中，在另一处住所与吴莲共同生活。

现在，谢军年纪大了，身体状况越来越差，便要求谢苗苗履行赡养义务。

然而，谢苗苗却拒绝赡养，几乎很少与谢军来往，更不会来家里照顾。相反，谢苗苗和生母、养母的关系越来越亲密，担负起照顾和赡养她们的责任。

谢军非常气愤，多次找谢苗苗和吴莲理论，还发生了激烈争

第六篇
再婚和收养问题：重组家庭的烦恼

吵。谢军说："我把你养大，你就应该负责赡养我。""如果你不给我养老，就把我这么多年花在你身上的钱还给我，否则我就到法院去告你！"

这下，谢苗苗更加肆无忌惮，彻底断绝了和谢军的来往。一气之下，谢军以养女不履行赡养义务为由将其告上法庭，要求解除收养关系，并要求谢苗苗补偿其收养支出 10 万元。

法院经过审理，认为谢军与成年养女谢苗苗关系恶化，无法共同生活，可以解除收养关系；谢军作为养父，承担了部分收养支出，谢苗苗作为养女，不履行赡养义务致使收养关系解除，理应对谢军的收养支出予以相应补偿。

吴律师解读：

《民法典》第一千一百一十一条规定：**自收养关系成立之日起，养父母与养子女间的权利义务关系，适用本法关于父母子女关系的规定；养子女与养父母的近亲属间的权利义务关系，适用本法关于子女与父母的近亲属关系的规定。**

养子女与生父母以及其他近亲属间的权利义务关系，因收养关系的成立而消除。

根据以上法律规定，谢军与谢苗苗之间的收养关系成立，谢苗苗必须履行对养父母的赡养义务，或照顾老人家的生活，或者支付赡养费。

养父母与成年养子女关系恶化、无法共同生活的，可以协议解除收养关系。《民法典》第一千一百一十八条规定：**收养关系解除后，经养父母抚养的成年养子女，对缺乏劳动能力又缺乏生活来源的养父母，应当给付生活费。因养子女成年后虐待、遗弃养父母而解除收养关系的，养父母可以要求养子女补偿收养期间支出的抚养费。**

生父母要求解除收养关系的，养父母可以要求生父母适当补偿收养期间支出的抚养费；但是，因养父母虐待、遗弃养子女而解除收养关系的除外。

因此，谢军有权向人民法院提起诉讼要求解除收养关系，也有权要求谢苗苗补偿收养期间支出的抚养费。

谢军要根据收养谢苗苗期间支付的费用确定补偿金额。比如，谢军与吴莲是共同收养，如果支出费用为20万元，谢军便可以要求谢苗苗补偿10万元的经济补偿。

第七篇

其他财产的分割：
多些理性，少些对抗

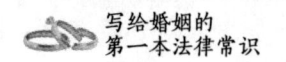

单位分的福利房算谁的

[**导读**] 夫妻一方婚前购买的房产属于个人财产，婚后购买的房产属于夫妻共同财产。那么，基于单位福利政策分配取得的房产，应该算谁的？离婚时，是否可以进行分割？

生活中的故事：

萧军是某房地产建筑公司的工程师，婚前从单位分得一套福利房，该房是单位为奖励优秀员工和核心管理层而建造的。根据公司政策，取得该房的职工仅需支付5万元便可以购买使用权。

一年后，萧军和郑娟结婚了，两人便商量着将该套房产买下来。经与单位协商，他们出资将该套房产权买了下来，产权证登记在萧军名下。

几年后，萧军和郑娟的感情发生危机，无法共同生活下去，决定离婚。在协议离婚过程中，双方在房产问题上出现了分歧。郑娟说："我要求分割房产，你应当按照现在房产价值50%的份额补偿我现金。"

萧军认为这套房产是自己的个人财产，说："这套房子是我们单位分的福利房，不是商品房，你凭什么要分割？"

第七篇
其他财产的分割：多些理性，少些对抗

> 我要求分割房产的50%。

> 这套房子是我们单位分的福利房，不是商品房，你凭什么分割？

郑娟："房子是婚后咱俩一起买的，应当属于夫妻共同财产。"

萧军："我不是该单位的职工，根本不会分得该福利房。而且，婚前我支付5万元购买了该房产的使用权，产权也登记在我的名下，所以它是我的个人财产。"

为了维护自己的合法权益，郑娟将萧军告上法庭，要求分割该房产。

吴律师解读：

在婚姻存续期间，夫妻双方取得的财产属于夫妻共同财产，两人有平等支配的权利。但是，不是所有的财产都属于夫妻共同财产。

一般来说，在婚姻存续期间，夫妻一方的福利分房属于商品房且拿到了产权，就应当属于共同财产；如果不是商品房，也没有拿

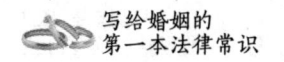

到产权,不能完全算作共同财产。

案例中,萧军婚前用5万元购买了该房产的使用权,婚后以夫妻共同财产购买为产权房,它就是共同财产,郑娟有权利在离婚时要求分割。当然,婚后萧军没有购买产权,即产权属于公司,该房产就不属于夫妻共同财产。

如果该房产的产权属于公司,萧军拥有有限产权(使用权),10年后按照一定比例购买才能获得全部产权。当萧军和郑娟离婚时,萧军只获得该房产的80%产权,又该如何分割呢?

《婚姻家庭编的解释(一)》第七十七条规定:**离婚时双方对尚未取得所有权或者尚未取得完全所有权的房屋有争议且协商不成的,人民法院不宜判决房屋所有权的归属,应当根据实际情况判决由当事人使用。**

当事人就前款规定的房屋取得完全所有权后,有争议的,可以另行向人民法院提起诉讼。

就是说,人民法院可以判决该房产由萧军或郑娟使用,80%的产权判给双方平分。同时,使用者需要支付另一方40%产权所对应的购房款。

农村宅基地使用权的分割

[导读] 在农村,农民只要依法办理一定的手续,就可以得到

第七篇
其他财产的分割：多些理性，少些对抗

宅基地使用权以及在宅基地上建造房屋居住的权利。

根据相关法律规定，农村宅基地和自留地、自留山属于农民集体所有，不归个人所有，所以是不能分割的。在夫妻离婚时，宅基地使用权和房屋所有权可以进行分割吗？

生活中的故事：

杜飞是某村的村民，与邻村的夏欢结为夫妻。

婚前，杜飞父母以杜飞的名义申请了一块宅基地，自建6间房屋作为杜飞和夏欢的婚房。因为杜家的积蓄有限，所以建房资金多是向亲朋好友借的。

夏欢非常通情达理，婚后并没有把两人所赚的钱存起来，而是主动偿还盖房欠下的债务。没过几年，他们就还清了所有的债务。

好景不长。杜飞和夏欢的想法开始不合，一个想要在农村生活，一个想要到城市里打拼，双方都不愿意退让。于是，两人决定离婚。

离婚时，夏欢提出要求："我要求分割宅基地的使用权和房屋的所有权，这些都属于夫妻共同财产，我有权分得一半。"

杜飞坚决反对："房子是我父母盖起来的，你没有权利分割。"

夏欢争辩道："婚后，我们挣的钱绝大部分用来还盖房子的债务，这相当于盖房子我也出了钱，我应该得到相应的份额。"

杜飞："在农村，夫妻离婚就没有分割宅基地和房屋的情况……"

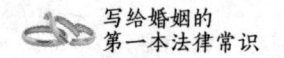

夏欢向法院诉讼与杜飞离婚，并且分割宅基地使用权和房屋所有权。

吴律师解读：

根据我国法律规定，宅基地属于集体所有，离婚时不允许分割。那么，宅基地的使用权如何分割呢？这需要具体问题具体分析。

1.宅基地是婚前以父母名义取得的，根据《中华人民共和国土地管理法》（以下简称《土地管理法》）对村民一户只能拥有一处宅基地的规定，其使用权归于父母。

2.宅基地是以夫妻名义取得的，使用权归夫妻共同所有。离婚时，双方对宅基地使用权归属发生分歧也不能随意分割，应当由相关行政部门进行处理。其法律依据是《土地管理法》第十四条：**土地所有权和使用权争议，由当事人协商解决；协商不成的，由人民政府处理。**

单位之间的争议，由县级以上人民政府处理；个人之间、个人与单位之间的争议，由乡级人民政府或者县级以上人民政府处理。当事人对有关人民政府的处理决定不服的，可以自接到处理决定通知之日起三十日内，向人民法院起诉。

在土地所有权和使用权争议解决前，任何一方不得改变土地利用现状。

这说明，即便夏欢向法院起诉，也没有权利请求审理离婚纠纷的人民法院划分宅基地使用权，她只能向相关行政部门进行申诉。

至于房屋所有权的分割，可以分为以下几种情况：

1. 一方婚前建造，且由个人名义取得宅基地使用权的，房屋归个人所有；

2. 婚后建造，且由夫妻名义取得宅基地使用权的，房屋为夫妻共同财产；

3. 以一方名义取得宅基地使用权，双方家庭出资建房为子女结婚使用，且确实已归夫妻双方婚后居住使用的，可以认定为夫妻共同财产；

4. 以一方父母名义取得宅基地使用权，父母出资帮助建房，但是婚后另一方共同偿还债务，则属于一方的家庭财产，但是需要返还另一方偿还的债务。

登记在孩子名下的房产，夫妻离婚时如何分割

［**导读**］很多夫妻购房时选择将房产登记在孩子名下，一是为了孩子继承或变更时节省一些契税和遗产税，二是为了规避房产限购令的某些限制。

那么，房产是婚姻存续期间购买的，使用的是夫妻共同财产，夫妻离婚时可以对该房产进行分割吗？

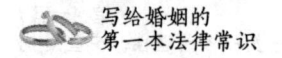

生活中的故事：

王曦和张哲的儿子张晓宇要上小学了，两人决定购买一套学区房，为了儿子上小学、初中能够享有更好的教育资源。两人结婚时已经购买了婚房，登记在王曦名下，而其所在城市又颁布了限购政策，于是便把新房产登记在张晓宇的名下。

张晓宇十五岁时，王曦和张哲因为感情不和决定协议离婚，约定孩子的抚养权归王曦所有。不过，在分割夫妻共同财产时，两人产生了分歧，焦点就是登记在儿子名下的房产上。

王曦认为："房产在儿子名下，就归他所有。现在我是儿子的直接监护人，应该行使代理保管权。"

张哲不同意这个说法："虽然房产登记在儿子名下，但房产是用我们婚后财产购买的，属于夫妻共同财产，离婚时理应进行分割。"

王曦："房产当初登记在儿子名下，就是送给他了。在法律上，孩子是该房产的所有人。"

张哲依旧提出反对意见："我们都知道这样登记房产是因为限购政策，是为了降低首付款和贷款利率，并不是送给儿子的……"

两人各不相让。于是，张哲向法院起诉，主张分割儿子张晓宇名下的房产。

吴律师解读：

《民法典》第二百零九条第一款规定：**不动产物权的设立、变更、转让和消灭，经依法登记，发生效力；未经登记，不发生效力，但是法律另有规定的除外。**

案例中，虽然房产是王曦和张哲在婚后用夫妻共同财产购买的，但房产登记在儿子张晓宇名下，就是夫妻双方对孩子的赠与。

房屋登记完毕时，赠与合同就产生了法律效力，是不可以撤销的，孩子对房屋享有所有权。其法律依据为《民法典》第六百五十七条：**赠与合同是赠与人将自己的财产无偿给予受赠人，受赠人表示接受赠与的合同。**

根据法律规定，夫妻离婚时，只能对夫妻共同财产进行分割，不能对孩子的财产进行分割。所以，张哲的要求是不合理、不合法的。

同时，张晓宇是未成年人，归王曦抚养，王曦就是孩子的监护人，且直接监护人有义务管理被监护人的财产，王曦要求管理这套房产的要求很合理。

不过，王曦不能随便处置这套房产，比如卖掉、抵押，除非是为了张晓宇的利益。

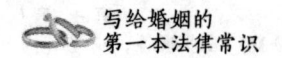

合伙企业中的夫妻财产，离婚时如何分割

[导读] 在婚姻存续期间，一方可能会拿出一部分资金自己创业，或者选择与人合伙的方式共同创业。那么，涉及合伙企业中以一方名义出资的部分，离婚时该如何进行分割呢？

生活中的故事：

余浩在一家公司做应用程序开发的工作，和王悦结婚后，接受两个大学同学的邀请一起创业，成立了一家网络科技有限责任公司，主要负责游戏类 App 的开发和推广。余浩成为公司的合伙创始人，出资 20 万元且负责技术领域，两个同学分别负责管理和运营，三人所占股权比例为 33.4%、33.3%、33.3%。

在三人的经营下，公司发展的前景良好，开发的好几款游戏 App 达到千万次的下载量。很快，公司拿到天使轮投资，第一次融资金额高达 500 万元。

就在这时，余浩和王悦的婚姻出现了问题，二人决定离婚。

分割夫妻共同财产时，王悦向法院提起诉讼，要求得到公司合伙人的地位，分得余浩所占股权的 50%。余浩同意转让财产份额，但是另外两个合伙人却不同意，因为公司是他们三个人的心血，王悦不懂技术和运营，也不了解公司的业务发展、内部管理，强行加入可能会给公司的发展带来隐患。

法院审理过程中，王悦表示："虽然合伙企业是以余浩的个人名义出资的，但使用的是夫妻共同财产，且经过与我协商一致的，我有权分得相应股份并获得合伙人的地位。"

余浩则表示："公司不是我一个人说了算的，其他合伙人不同意将我的部分股权转让给王悦，我也没有办法。"

这种情况下，法院应该如何判决呢？

吴律师解读：

很明显，余浩对合伙企业的出资属于夫妻共同财产，所以他在合伙企业中的财产份额，即股权收益（包括每年获得的分红）也是夫妻共同财产。

关于一方在合伙企业中的财产份额的分配，《婚姻家庭编的解释（一）》第七十四条规定：**人民法院审理离婚案件，涉及分割夫妻共同财产中以一方名义在合伙企业中的出资，另一方不是该企业合伙人的，当夫妻双方协商一致，将其合伙企业中的财产份额全部或者部分转让给对方时，按以下情形分别处理：（一）其他合伙人一致同意的，该配偶依法取得合伙人地位；（二）其他合伙人不同意转让，在同等条件下行使优先购买权的，可以对转让所得的财产进行分割；（三）其他合伙人不同意转让，也不行使优先购买权，但同意该合伙人退伙或者削减部分财产份额的，可以对结算后的财**

产进行分割；（四）其他合伙人既不同意转让，也不行使优先购买权，又不同意该合伙人退伙或者削减部分财产份额的，视为全体合伙人同意转让，该配偶依法取得合伙人地位。

庭审后，法院可能有以下几种处理方式：如果其他合伙人同意优先购买，那么就可以对余浩占有的份额进行分割，然后其他合伙人分比例购买；如果其他合伙人不同意优先购买，但是同意余浩退伙，那么余浩退伙后所得到的财产，余浩和王悦可以各分50%；如果其他合伙人不同意优先购买，也不同意余浩退伙，法院就可以判决王悦依法取得合伙人地位。

以夫妻一方名义成立的独资企业，财产怎么分配

[导读] 夫妻一方投资成立了独资企业，在离婚进行财产分割时，就不仅仅涉及房产、存款、车辆等问题了，还涉及独资企业财产的分割、企业股权的分割以及经营权的处理等问题。

生活中的故事：

张青与王霞结婚三年后，张青拿出两人的积蓄30万元，以个人名义开了一家中式快餐公司。

张青经营的快餐口味独特，再加上店铺的地段好，餐饮公司发

展非常迅速，两年内开了3家分店，每年盈利高达200万元。

由于张青忙于生意，与王霞的交流日渐减少，对子女的关心也不够多，家庭矛盾与日俱增。而后，两人因为感情破裂，王霞起诉至法院要求与张青离婚，同时要求分割餐饮公司的所有权。

张青同意离婚，但是不同意将餐饮公司的所有权进行分割。

法院审理中，张青表示："餐饮公司是我亲自经营的，王霞自始至终没有参与管理，也根本不懂管理，所有权不能分给她。"

王霞认为："餐饮公司是我们婚后成立的，且以夫妻共同财产作为个人出资，我们都是该公司的所有人，有平等的处理权。"

后经法院调解，张青和王霞达成共识，即该餐饮公司的所有资产应当认定为夫妻共同财产。考虑到公司法人是张青，且由张青一人经营管理，所以该餐饮公司不变更其法定代表人，张青需要付给王霞相当于餐饮公司总资产50%的经济补偿。

吴律师解读：

夫妻一方投资成立个人独资企业，因为不涉及第三人的利益，所以其财产分割比较简单。

我们需要明确一点：所投资企业的资金是婚后财产，那么该独资企业的资产、收益都属于夫妻共同财产。对于共同财产的分配，需要具体问题具体分析。《婚姻家庭编的解释（一）》第七十五条规定：**夫妻以一方名义投资设立个人独资企业的，人民法院分割夫妻在该个人独资企业中的共同财产时，应当按照以下情形分别处**

理：（一）一方主张经营该企业的，对企业资产进行评估后，由取得企业资产所有权一方给予另一方相应的补偿；（二）双方均主张经营该企业的，在双方竞价基础上，由取得企业资产所有权的一方给予另一方相应的补偿；（三）双方均不愿意经营该企业的，按照《中华人民共和国个人独资企业法》等有关规定办理。

案例中，张青和王霞都主张经营该餐饮公司，法院就进行了调解与协商，最后确定由张青取得该公司的所有权，然后张青和王霞平均分割该公司的所有资产。

当然，如果张青和王霞都不愿意继续经营餐饮公司，那么就可以根据有关法律规定进行解散、清算。《中华人民共和国个人独资企业法》第二十九条规定：**个人独资企业解散的，财产应当按照下列顺序清偿：（一）所欠职工工资和社会保险费用；（二）所欠税款；（三）其他债务。**

这表明，企业债务全部清偿完毕之后，才能对其剩余财产进行均分。企业资产不足以清偿债务的，夫妻需要共同偿还剩余的债务。

离婚时，基本养老金的分割

[**导读**] 大部分人认为，基本养老金属于个人财产，而有一部分人认为基本养老金属于夫妻共同财产。

第七篇
其他财产的分割：多些理性，少些对抗

事实上，这两种想法都是错误的。离婚时，基本养老金的分割需要视具体情况而定，不能一概而论。

生活中的故事：

方阿姨与张叔叔结婚三十多年，但婚姻生活一直不和睦，考虑到子女上学、结婚等问题，他们没有选择离婚。

最近，小女儿也结婚了，于是，方阿姨提出离婚，并要求分割夫妻共同财产。张叔叔同意离婚，两人针对是否平均分割养老金却产生了分歧。

张叔叔已经退休了领取养老金多年，方阿姨还没有退休，不符合领取养老金的条件。在张叔叔看来，基本养老金是夫妻共同财产，离婚时双方就应该进行平均分割。方阿姨说："我还没有退休，不能领取养老金，如何进行分割呢？"

为此，张叔叔和方阿姨找到律师咨询。律师表示：根据相关法律规定，方阿姨尚未退休，不符合领取基本养老金的条件。所以，就算张叔叔请求按照夫妻共同财产分割基本养老金，法院也是不会支持的。

张叔叔提出疑问："那么，养老金就不能分割了吗？"

吴律师解读：

从法律角度来说，养老金和养老保险不是一个概念。

养老金是一种养老保险待遇，主要是保障职工退休后的基本生活需要，也叫退休金。

养老保险是单位和个人按照养老保险缴费基数缴纳的一项社会保险金，一部分由单位缴费，一部分由个人缴费。

《婚姻家庭编的解释（一）》第八十条规定：**离婚时夫妻一方尚未退休、不符合领取基本养老金条件，另一方请求按照夫妻共同财产分割基本养老金的，人民法院不予支持；婚后以夫妻共同财产缴纳基本养老保险费，离婚时一方主张将养老金账户中婚姻关系存续期间个人实际缴纳部分及利息作为夫妻共同财产分割的，人民法院应予支持。**这就是说，审理离婚案件时，法院处理养老金分割的问题首先要看夫妻双方是否已经退休，是否达到了领取养老金的条件。

双方已经退休能够领取养老金，就可以对其进行分割，一般采取均分的公正方式。但是，一方或双方都没有退休，就不能对养老金进行分割。

一方未达到退休年龄，但是婚后双方用夫妻共同财产缴纳养老保险费，法院就可以判决将养老金账户中婚姻关系存续期间个人实际缴付部分作为夫妻共同财产进行分割。依据双方意愿或者实际情况，以一方给予另一方补偿的方式进行分割，而不是破坏养老账户的个人属性。

股票和股权，夫妻离婚时如何分割

[导读] 随着市场多元化以及个人投资的多样化，夫妻之间的财产也涉及了投资的股票、债券、基金等有价证券，以及持有的公司股权。

夫妻离婚时，这些财产的分割不像实体共同财产那样简单，我们需要掌握相关法律知识来维护自己的合法权益不受侵害。

生活中的故事：

李红旗和张丹丹婚后善于理财和投资，不仅购买了股票和债券，还用积蓄投资了朋友名下的服装公司。该投资以李红旗的名义出资20万元，占服装公司10%的股权。

李红旗和张丹丹的眼光很好，买进的几只股票价格稳步上升，债券也有所收益。朋友服装公司的发展势头也非常好，利润可观，每年的分红可达40多万元。

两年后，因为张丹丹不愿意要孩子，导致她与李红旗的感情出现问题，于是他们协议离婚，不过在分割股票、债券和股权的问题上犯了难。张丹丹提出疑问："房产、现金等夫妻共同财产，我们都可以均分，股票和股权这些财产应该怎么分？"

李红旗提出股票、债券等归张丹丹，服装公司的股权归自己，但是遭到张丹丹的拒绝。张丹丹提出把股票和债券卖掉，收益均分，然后李红旗把服装公司5%的股权转让给自己，让自己也成为该公司的股东。

这下轮到李红旗不同意了，他认为股权是自己的，若是轻易让张丹丹成为服装公司股东，容易在公司内部产生管理分歧。同时，其他股东若是不同意把股权转让给张丹丹，自己就必须遵循公司的相关规定。

经过多次协商，两人的意见仍然不统一，无法协议离婚。于是，张丹丹向法院提起诉讼，要求对夫妻共同持有的股票、债券以及服装公司的股权进行分割。

吴律师解读：

案例中，法院经过审理，认为李红旗用婚后财产购买股票、债券等有价证券，离婚时双方协商不成，应当按照比例来分配，即按照总额各分得50%。其法律依据是《婚姻家庭编的解释（一）》第七十二条：**夫妻双方分割共同财产中的股票、债券、投资基金份额等有价证券以及未上市股份有限公司股份时，协商不成或者按市价分配有困难的，人民法院可以根据数量按比例分配。**

同时，法院判定李红旗以个人名义在朋友服装公司投资获得的10%股权属于夫妻共同财产，应当依法进行分割。但是股权转让具有特殊性，应该遵守《中华人民共和国公司法》关于股权转让的规定，即股东将股份转让给股东以外的人或者未持有公司股份的配偶，必须经过公司半数以上股东的同意。如果半数以上股东不同意转让，但愿意以同等价格购买的，其具有优先购买权。

结果，该服装公司其他股东不同意李红旗转让股权，且愿意购买。法院依法判定股权仍由李红旗持有，双方可以协商好股权价格，然后给予张丹丹相应的经济补偿。

没有指定受益人，保险金如何分割

［导读］ 一般来说，购买保险是需要指定受益人的，保险受益人就是接受保险合同利益的人，一般为配偶、父母、子女等。然而，一些人购买了保险却没有指定受益人，那么接受保险合同利益的将是谁呢？保险金又该如何分割呢？

生活中的故事：

李楠与郝梅再婚两年了，没有生下子女。不过，李楠与前妻生有一子李童已经上中学了，抚养权归前妻。

几年前，李楠经过保险经纪人的推荐，为自己投保了"××人身保险"。保单中约定李楠为被保险人，受益人一栏却空着。当时李楠本不打算购买保险，只是没有办法拒绝身为保险经纪人的朋友劝说，所以一着急便签约了但没有指定受益人。

后来，李楠发生交通意外，送往医院途中死亡。事故发生后，郝梅向保险公司报案。保险公司经过调查、审核，认定该事故属于保险责任范围，决定赔付人身保险金16万元。

在分配保险金上，郝梅和李童发生了分歧。李童要求取得这笔人身保险金50%的份额，郝梅则提出自己应该先分得该笔人身保险金的一半，剩余部分再由本人和李童均分。

李楠前妻认为这是不公平的，损害了李童作为法定继承人的合法权益。于是，李楠前妻向法院起诉，说："郝梅、李童都是李楠的第一顺序继承人，这笔人身保险金应由两人平均分配。"

郝梅坚持自己的观点："保单现在发生效力，保险金理应属于夫妻共同财产，我应该先分取一半，然后再均分剩余部分。"

对此，保险公司也提出自己的看法："保险金作为个人遗产，应该由被保险人的法定继承人继承。"

法院受理后判定：由郝梅和李童平分该保险金。

/第七篇/
其他财产的分割：多些理性，少些对抗

吴律师解读：

案例中，郝梅和李童争论的焦点是：李楠因意外死亡，保险公司所赔付的人身保险金是否属于夫妻共同财产。

事实上，根据法律规定，夫妻双方在婚姻关系存续期间所得的财产为夫妻共同财产。被保险人李楠如果事先指定了受益人，保险金就归受益人所有。但是，他没有指定受益人，同时投保的人身保险合同签订于他与郝梅结婚之前，属于婚前的投保行为，人身保险金属于李楠的个人财产。

同时，《中华人民共和国保险法》第四十二条规定：**被保险人死亡后，有下列情形之一的，保险金作为被保险人的遗产，由保险人依照《中华人民共和国继承法》的规定履行给付保险金的义务：（一）没有指定受益人，或者受益人指定不明无法确定的；（二）受益人先于被保险人死亡，没有其他受益人的；（三）受益人依法丧失受益权或者放弃受益权，没有其他受益人的。**

受益人与被保险人在同一事件中死亡，且不能确定死亡先后顺序的，推定受益人死亡在先。

所以，李楠的这笔人身保险金属于个人遗产，应当由保险公司向被保险人的法定继承人（即李楠现任妻子、儿子李童）履行给付保险金的义务。

需要注意的是，被保险人或者受益人享有的受益权是一种期待权。在投保时，尽量指定受益人，避免日后发生纠纷。

丧葬费、抚恤金不是遗产

[导读] 丧葬费，是家属安葬死者支出的费用，应该给付实际支付这笔费用的人。死亡抚恤金，是死者所在单位或社会团体给予死者近亲属和被扶养人的生活补助费，含有一定的精神抚慰内容。

无论是丧葬费还是死亡抚恤金，都不属于遗产。那么，它该如何进行分割呢？

生活中的故事：

红梅因为遗嘱继承和抚恤金分割纠纷向法院提起诉讼，要求分割丈夫武江的抚恤金和丧葬费。

红梅和武江是再婚夫妻，膝下没有子女。武江与前妻有一个女儿武媛媛已经二十岁了，当初离婚时抚养权归妈妈所有，一直跟着妈妈生活。

前段时间，武江因病去世，单位发放抚恤金50223元，丧葬费3000元，共计53223元。进行遗产分割时，武媛媛拿出武江生前留下的遗嘱，声称："我父亲留下了遗嘱，说他的遗产都留给我。"

对此，红梅表示没有异议，因为两人没有共同财产，自己也不奢望拿到什么遗产。

/第七篇/
其他财产的分割：多些理性，少些对抗

然而，武媛媛说："我父亲的丧葬费和抚恤金也要全部归我，你不能拿走一分钱。"红梅坚决不同意："我和你父亲是合法夫妻，这些钱有我的一份！"

武媛媛也不同意："这是我父亲的意思，他在遗嘱中说了全部遗产都留给我！"

红梅没有办法，诉讼到法院。法院审理中，武媛媛拿出遗嘱，且表示这份遗嘱是去年由自己代书的，见证人是妈妈和朋友。

法院审理后认为，武媛媛所持的遗嘱系代书遗嘱，但是没有遗嘱人的签字，遗嘱中的代书人和受赠人是同一人，见证人又是受赠人的妈妈和朋友，系有利害关系人，所以遗嘱是无效的。同时，丧葬费和抚恤金是有关单位支付给死者近亲属的安家费，不属于死者生前遗留的个人财产。

因此，法院支持红梅的诉讼请求，先从抚恤金和丧葬费中支付一定数额办理武江的丧事，余款则由红梅和武媛媛共同分割。

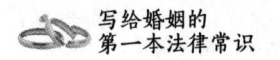

吴律师解读：

丧葬费是为死者办理丧事的费用，需要按照实际支付来确定。对于抚恤金的分配，我国法律没有明确的规定说明，因此，如果死者所在单位对抚恤金的给付对象有规定，需要按照规定来处理；没有规定，支付对象则是死者的近亲属，即配偶、父母、子女。

《民法典》第一千一百二十二条规定：**遗产是自然人死亡时遗留的个人合法财产。**

依照法律规定或者根据其性质不得继承的遗产，不得继承。

丧葬费和抚恤金不属于遗产，即便武媛媛的遗嘱有效也没有权利独占，需要与父亲的合法配偶（红梅）均分。

需要注意的是，如果武媛媛是未成年人，在分配这笔款项的时候，法院会考虑优先保证被抚养人（死者未成年子女）的生活费，然后再将剩余部分分割给法定继承人。如果武江有父母且生活困难，需要武江赡养，也要优先保证其父母的生活费。

第八篇

遗产继承：
爱的延续

非婚生子女也有继承权

[导读] 婚姻中，不少人没有遵守忠诚原则，与他人发生婚外情甚至生下私生子；还有一些年轻人，婚前与女友／男友生下私生子，却因某种原因没有结成婚。

这就是我们所说的非婚生子女。如果父母去世，非婚生子女是否也享有继承权呢？

生活中的故事：

梁毅因病去世，女儿菲菲和妈妈为其办理后事时，一个女人带着一个五岁的男孩找上门来，说男孩是梁毅的儿子，要求继承他的遗产。

菲菲不相信。在菲菲的眼里，梁毅是个好父亲，虽然工作很忙，但是一有时间就会陪自己到游乐园玩，假期也会带着一家人去旅行。妈妈也感到震惊，因为丈夫没有出轨的迹象，始终都表现得非常爱自己。妈妈提出质疑："你怎么证明这个孩子是我丈夫的？"

那个女人拿出了亲子鉴定书，上面显示鉴定对象是男孩和梁毅，两人亲子关系的配对率为99.99%，确认为父子关系。

菲菲抢过鉴定书扔到一边，大喊道："你是第三者，破坏别人的家庭是不道德的，也是违法的。你的孩子，没有权利继承我爸爸的遗产。"

那个女人说："孩子，我儿子是你爸爸的非婚生子女，法律规定，和你一样享有平等的继承权。"

事后，菲菲和妈妈咨询了律师。律师表示：非婚生子女享有与婚生子女同等的权利，都是被继承人的法定继承人。

吴律师解读：

律师的解释是正确的。

根据《民法典》第一千一百二十七条中的相关规定，遗产按照顺序继承，第一顺序为配偶、子女、父母，子女包括婚生子女、非婚生子女、养子女和有扶养关系的继子女。

案例中，男孩是菲菲爸爸的私生子，且经过亲子鉴定证实为父子关系。作为非婚生子女，他与婚生子女菲菲同样为第一顺序继承人，依法继承相应份额的遗产。

《民法典》第一千零七十条规定：**父母和子女有相互继承遗产的权利**。从法律角度来说，即便菲菲爸爸和那个女人涉嫌犯重婚罪，但是他们的非婚生子女不应当受到不公平对待，任何人都不能随意剥夺男孩的继承权。

代位继承：孙子代替父亲继承爷爷的遗产

[导读] 继承是有顺序的。那么，父亲去世了，其子女是否可以继承爷爷的遗产？答案是肯定的，这涉及了代位继承的问题。

代位继承又称间接继承，是被继承人的子女先于被继承人死亡时，由被继承人子女的晚辈直系代替先死亡的长辈直系血亲继承被继承人的遗产。

生活中的故事：

程淼的爸爸因病去世了，两年后，妈妈经人介绍与继父再婚，婚后三人的家庭生活很和睦。尽管如此，程淼和爷爷的关系也没有丢下，时常让妈妈带着自己来看爷爷，陪爷爷聊天、下棋。

程淼十二岁时，爷爷也因病去世，未留有遗嘱。妈妈认为程淼有权利继承爷爷的遗产,便要求分割遗产。叔叔则认为自己是父亲唯一的亲人,只有自己可以继承遗产。

叔叔:"我大哥去世了,你带着孩子再婚改嫁,没有尽到赡养老人的义务,就没有权利继承遗产。而且,程淼是未成年人,没有收入,没有从经济上给予爷爷帮助,也没有权利继承遗产。"

妈妈:"我咨询过律师,程淼是享有代位继承权的,他有权继承爷爷的遗产。"

叔叔:"我不管什么代位不代位继承的,我哥哥去世了,你们继承了遗产,岂不是把我们家的财产带到了别人家?"

之后,妈妈和程淼多次向叔叔提出继承爷爷的遗产,均遭到拒绝。无难之下,母子俩向法院起诉,要求继承程淼爸爸应该继承爷爷的遗产份额。

吴律师解读:

根据《民法典》相关规定,被继承人死亡时没有遗嘱,其遗产首先由第一顺序的法定继承人继承,就是程淼的爸爸和叔叔来继承。不过,程淼爸爸先死亡,其直系晚辈血亲(儿子程淼)还在,所以就产生了代位继承的问题。

《民法典》第一千一百二十八条规定:**被继承人的子女先于被继承人死亡的,由被继承人的子女的直系晚辈血亲代位继承。**

被继承人的兄弟姐妹先于被继承人死亡的,由被继承人的兄弟姐妹的子女代位继承。

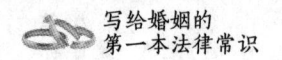

代位继承人一般只能继承被代位继承人有权继承的遗产份额。

虽然程淼妈妈已经再婚，程淼长期跟着妈妈生活，但是依旧享有代位继承权。按照法定继承的顺序，他应当继承其祖父（包括祖母）留下遗产中的法定份额。

需要注意的是，代位继承有以下几个特征：

1. 代位继承的发生，必须是被继承人的子女先于被继承人死亡，包括民法涉及的自然死亡和被宣告死亡；

2. 代位继承人必须是被继承人子女的晚辈直系血亲；

3. 代位继承人一般只能继承被代位人应继承的遗产份额，即便程淼爸爸有两个儿子，也只能继承爷爷遗产的50%份额；

4. 被代位继承人生前必须具有继承权；

5. 代位继承不适用于遗嘱继承。

爸爸的房子，为什么叔叔也有份

[导读] 有第一顺位继承人的情况下，兄弟姐妹是没有权利继承被继承人的遗产。不过，若是被继承人先去世，其父母后去世，兄弟姐妹就有了继承权。这样一来，便出现了爸爸去世而叔叔要求分割遗产的情况。

/第八篇/
遗产继承：爱的延续

生活中的故事：

佳佳放学回到家，发现叔叔和婶婶在客厅中对着妈妈颐指气使，妈妈也非常气愤地跟他们争论着什么。

听了一会儿大人的谈话，佳佳了解了事情的原委：原来叔叔要求分割爸爸的遗产，说爸爸没有立下遗嘱，就应该按照法定继承顺序来继承，这样一来，他就有权继承爸爸的遗产。

叔叔："大嫂，其他遗产没有多少，我们就不争了，但是这套房子价值300多万元，你得把我应得的那一份折合成现金给我。"

佳佳大声喊道："这是我爸爸的房子，你们凭什么要来争抢？你们不要以为我爸爸去世了，就可以欺负我们！"

叔叔："佳佳，我们没有欺负你们，只是按照法律规定来争取自己的合法权益……"

佳佳:"你胡说!"

叔叔:"你爸爸去世了,你奶奶有权继承你爸爸的遗产;过后你奶奶去世了,我也有权继承你奶奶的遗产。我们不是来抢你爸爸的遗产,而是继承你奶奶的那一份遗产份额。"

佳佳无言以对。之后,佳佳和妈妈找到律师咨询。律师表示:佳佳爸爸先去世,奶奶后去世,按照法定继承,叔叔可以继承奶奶的一部分遗产。

吴律师解读:

其实,叔叔能否继承佳佳爸爸的遗产,与佳佳爸爸、奶奶的去世时间有直接关系。如果奶奶先于佳佳爸爸去世,那么佳佳爸爸的遗产与叔叔就没有任何关系。

佳佳爸爸先于奶奶去世,根据《民法典》第一千一百二十七条规定,佳佳妈妈、佳佳、佳佳奶奶为遗产的第一顺序继承人,三人平分夫妻共同财产中佳佳爸爸的那一份。之后,奶奶去世,根据法律规定,佳佳爸爸、叔叔为第一顺序继承人,平分奶奶的遗产。因为爸爸去世了,佳佳可以代位继承属于爸爸的那一份。

同时,奶奶去世时,佳佳爸爸的遗产还没有分割,根据《民法典》第一千一百五十二条规定:**继承开始后,继承人于遗产分割前死亡,并没有放弃继承的,该继承人应当继承的遗产转给其继承人,但是遗嘱另有安排的除外。**

就是说,作为继承人的奶奶在遗产分割前去世,没有放弃继承时，她应当继承的遗产就直接转给了她的继承人（包括佳佳叔叔），佳佳和妈妈没有权利拒绝分割这一部分遗产。

遗嘱继承优先于法定继承

［导读］ 我们知道，继承是从被继承人死亡时开始的。法定继承是有资格的人才能享有继承权，而遗嘱继承，是遗嘱人生前依法指定由某个人或某些人继承其个人财产。

那么，遗嘱继承和法定继承的优先顺序是怎样的呢？

生活中的故事：

李浩和李芳是兄妹，均已结婚生子。母亲去世多年，父亲也已经七十多岁，腿脚不太方便。李浩大学毕业后出国继续深造，留在国外娶妻生子并获得了绿卡。虽然李浩很有前途，但是出国后很少回来，只是偶尔给父亲一些生活费。

就这样，照顾和赡养父亲的重担就落在李芳身上。为了方便照顾，李芳把父亲接到自己家中。好在丈夫孝顺，每天都搀扶父亲洗漱、外出、运动，父亲生病时还亲自照顾其饮食起居。

父亲去世后，李浩回国办理后事，随后与李芳谈起遗产继承的问题，表示妹妹照顾父亲多，可以分得60%的遗产。不过，李芳拿出父亲立下的遗嘱，说："爸爸立下遗嘱，把遗产都留给我了！"

李浩很是质疑："我是爸爸的儿子，你是外嫁的女儿，为什么他把遗产都留给了你？就算依法分割，我们都是第一顺位继承人，应该各分得50%份额。"

李芳解释说："爸爸在一年前就找律师立下了遗嘱，还请了他的两位老朋友见证。去世前，爸爸才把遗嘱拿出来给我……"

李浩虽然有些气愤，但也无可奈何，因为他知道父亲的遗嘱是有法律效力的。

吴律师解读：

在我国，遗产继承主要有法定继承、遗嘱继承两种。只不过，遗嘱继承优先于法定继承——就是说，如果财产所有人生前立下遗嘱，且遗嘱是合法有效的，就必须按照遗嘱继承。

对于这一点，《民法典》第一千一百二十三条规定：**继承开始后，按照法定继承办理；有遗嘱的，按照遗嘱继承或者遗赠办理；有遗赠扶养协议的，按照协议办理。**

案例中，李浩和李芳都是父亲遗产的第一顺位继承人，没有遗嘱的话，两人各分得50%的遗产。但是，父亲生前立下遗嘱，且找了律师、朋友见证，遗嘱是合法有效的，李芳就成为这笔遗产的唯一继承人。

有人要问了：李浩不知晓遗嘱内容，这合理吗？

事实上，遗嘱是单方法律行为，自然人设立遗嘱不需要继承人或遗赠受领人的同意。只要遗嘱是本人真实意思的表示，立遗嘱时本人有完全民事行为能力，且遗嘱内容合法、形式合法，那么它就是有效的。

多份遗嘱，到底以哪一份为准

[**导读**] 生活中，遗嘱人会因为各种原因立下多份遗嘱，如一份遗嘱上说把房产留给大儿子，另一份遗嘱上又说把房产留给小儿子。这种情况下，到底以哪一份遗嘱为准呢？

生活中的故事：

黄明和黄立是兄弟俩，父亲刚刚去世，两人就因为遗产继承问题发生了争执。

黄明拿出一份遗嘱，说："我有遗嘱，爸爸说把这套房子留给我了！"

黄立也拿出一份遗嘱，说："我这份遗嘱才有效，爸爸说把这套房子留给我了！"

两人的争论更加激烈。"你的遗嘱是假的！""你的才是假的，我的遗嘱是真的，当时还有律师在场！"

原来，黄大爷一直一个人生活，两个儿子只需每月支付 1000 元赡养费。后来，黄大爷突然中风卧床不起，需要有人在身边照顾。大儿子黄明主动揽下责任，把父亲接到自己家中，尽心照顾。黄大爷觉得大儿子非常孝顺，便写了一份自书遗嘱，声明自己去世后名下的一套房产归黄明所有，还找来两个朋友做见证人。

好景不长，黄明很快就改变了态度，不像之前那样尽心照顾父亲，大儿媳也对黄大爷冷淡苛待。黄大爷认为大儿子之前是为了得到遗产才假装对自己孝顺，于是，他找到小儿子，希望他能把自己接到家里照顾。黄立照做了，对父亲非常好，还给他请了护工。

经过一段时间的观察，黄大爷发现黄立并不是为了遗产才假装对自己好，便决定把房产留给小儿子。可是，遗嘱已经立下，此时后悔还有用吗？

和老朋友交谈时，黄大爷抱怨说："大儿子不是真心对我好，我很后悔把房产留给了他。"

老朋友说："你可以重新立一份遗嘱的。"于是，黄大爷找来律师和老朋友见证，立下第二份遗嘱，将遗产全部留给小儿子黄立。

那么，黄大爷去世后，遗产到底该由谁来继承呢？

吴律师解读：

案例中，黄大爷的遗产应当由小儿子黄立继承。

《民法典》第一千一百四十二条规定：**遗嘱人可以撤回、变更自己所立的遗嘱。立遗嘱后，遗嘱人实施与遗嘱内容相反的民事法**

律行为的，视为对遗嘱相关内容的撤回。

立有数份遗嘱，内容相抵触的，以最后的遗嘱为准。

这说明，当事人立完遗嘱后如果后悔了，是可以撤回遗嘱的，该遗嘱不再具有法律效力。同时，当事人也可以重新立一份遗嘱，只要新遗嘱是合法的，旧遗嘱就无效了。

黄大爷立的两份遗嘱虽然都是个人真实意思的表示，但是内容相抵触，只能以最后一份遗嘱为准。而且，新遗嘱的设定不需要告知大儿子黄明，订立在后的遗嘱效力自然优于订立在前的遗嘱效力。

丧偶儿媳照顾老人，理应继承其遗产

［导读］ 遗产继承，是困扰不少家庭的一个大问题。这又出现一个新问题，丈夫去世之后，儿媳一直照顾老人到去世，儿媳能继承老人的遗产吗？

生活中的故事：

张姨今年六十岁了，丈夫去世多年，膝下有一儿一女都已经结婚生子，日子过得幸福快乐。

张姨和婆婆生活在一起，照顾着婆婆的生活起居。其实，婆婆有三个儿子，这些年她一直跟着张姨和大儿子共同生活，另外两个儿子只是偶尔过来探望。

张姨的丈夫去世后，大家为赡养老人的问题进行协商。那两个儿子表示经济条件不好，孩子也还没有结婚，自己没有能力也没有时间照顾老人家。于是，张姨便把赡养老人的责任揽了下来，一家人的关系也算是和睦。

前段时间，婆婆去世了。让张姨没想到的是，两个小叔子却认为母亲的遗产（即张姨和婆婆之前居住的房子）应由他们两人平分，要求张姨尽快搬离。

张姨不在乎遗产，但是其儿女却为母亲打抱不平，找到叔叔理论："奶奶生前都是我妈妈在照顾，两位叔叔没有尽到赡养义务，为什么现在来争遗产？"

两个小叔子："你爸爸去世了，我们是遗产第一顺序继承人，理应继承你奶奶的遗产。你妈妈和奶奶没有关系，就没有法定继承权。"

张姨儿女："我妈妈承担起赡养老人的重担，为她老人家养老送终，也应该是第一顺位继承人。"

双方争议不下，于是闹上了法庭。

吴律师解读：

《民法典》第一千一百二十九条规定：**丧偶儿媳对公婆，丧偶女婿对岳父母，尽了主要赡养义务的，作为第一顺序继承人。**

案例中，张姨在丈夫生前和死后一直在照顾婆婆，履行了赡养义务。婆婆的另外两个儿子始终没有履行赡养义务，他们就没有权利剥夺张姨的继承权。

需要注意的是，张姨成为第一顺序继承人，在继承婆婆遗产的同时，其儿女也可以代位继承父亲应该继承的份额。就是说，婆婆的遗产可以分为四份——张姨、张姨儿女、另外两个儿子各一份。

同时，《民法典》第一千一百三十条规定：**同一顺序继承人继承遗产的份额，一般应当均等。**

对生活有特殊困难又缺乏劳动能力的继承人，分配遗产时，应当予以照顾。对被继承人尽了主要扶养义务或者与被继承人共同生活的继承人，分配遗产时，可以多分。有扶养能力和有扶养条件的继承人，不尽扶养义务的，分配遗产时，应当不分或者少分。

继承人协商同意的，也可以不均等。

这意味着，张姨尽了主要赡养义务，可以多分遗产，另外两个小叔子只能少分遗产。如果张姨想要多分，就要向法院提起诉讼，维护自己的合法权益。

肚子里的胎儿，是否有继承权

[导读] 子女有继承父母遗产的权利，那么，未出生的胎儿是否有继承父母遗产的权利？

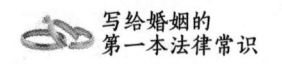

生活中的故事：

江华和唐蕊结婚一年了，此时唐蕊怀有7个月的身孕，两个人满心欢喜地等待着宝宝的到来，谋划着未来的幸福生活。

不幸的是，江华发生了溺水事故，导致身亡。处理完江华的后事，其父母和弟弟便急着要求分割江华的遗产，包括他名下的一套房产、遗留的20万元现金以及事故赔偿金50万元。

江华弟弟称："哥哥既然已经死亡，嫂子就应该回到娘家去，无权留在江家。"

唐蕊说："我是你哥哥的合法妻子，即便离开江家，也应当继承相应份额的遗产。"

江华弟弟说："你只能继承我哥哥遗产的三分之一，其他应当由我父母继承。"

唐蕊："我和你哥哥已经有了孩子，孩子也应该分得一份遗产。"

江华弟弟："孩子又没有出生，还不算得真正意义上的自然人，没有继承的权利！"

唐蕊不同意，于是将江华的父母和弟弟告上了法庭。

吴律师解读：

未出生的胎儿也是有继承权的。《民法典》第十六条规定：**涉及遗产继承、接受赠与等胎儿利益保护的，胎儿视为具有民事权利能力。但是，胎儿娩出时为死体的，其民事权利能力自始不存在。**

从这个角度来说，唐蕊腹中未出生的胎儿是江华遗产的第一顺位继承人，分割遗产时，应当保留胎儿的继承份额。

同时，《民法典》第一千一百五十五条规定：**遗产分割时，应当保留胎儿的继承份额。胎儿娩出时是死体的，保留的份额按照法定继承办理。**就是说，江华的遗产应该分割为4份，由其父母、唐蕊、胎儿继承。为胎儿保留的这一份，如果未来胎儿不能顺利出生或者娩出时是死体，这一份应当被分割，由其他三人均分。如果胎儿出生后死亡，应该由胎儿的继承人（母亲）唐蕊继承。

当下，未出生胎儿的这一份遗产，由母亲唐蕊保管。

没有法定继承人，遗产该怎么处理

[导读] 生活中时常会发生意外，一些人由于某种原因失去近亲属，去世后没有法定继承人，同时又没有留下遗嘱。这时候，无人继承的遗产该如何处理呢？

生活中的故事：

熊大叔一生未婚未育，有两个哥哥且都有子女。两个哥哥先后去世，后来熊大叔也生病离开了人世，生前没有留下遗嘱。这样一来，熊大叔留下的20多万元存款就成为一个继承问题。

熊大叔的侄子、侄女们说："我叔叔没有儿女，我们是他的亲人，理应由我们继承这笔钱。"

邻居A说："听人家说，无人继承的遗产都归国家所有。"

邻居B说："你叔叔没有留下遗嘱，你们继承不了这笔钱吧？"

邻居C说："平时你们也没有赡养叔叔，怎么好意思来争遗产呢？"

熊大叔的侄子、侄女们反驳道："按照法律规定，我爸爸可以继承叔叔的遗产，我们又可以继承爸爸的遗产，这笔钱不就是由我们来继承了吗？"

邻居A："可是你们的爸爸先去世了，怎么继承叔叔的遗产呢？"

熊大叔的侄子、侄女们也不知道自己是否可以继承叔叔的这笔存款，于是找到律师咨询。了解情况之后，律师表示：按照法律规定，你们可以继承叔叔的遗产。

吴律师解读：

根据法律规定，兄弟姐妹属于法定继承的第二顺序继承人。案例中，熊大叔没有配偶、子女、父母，所以两个哥哥作为第二顺序继承人可以继承其名下遗产。但是，两个哥哥先于熊大叔去世，这就意味着这笔遗产没有法定继承人了。

那么，这是不是无人继承的遗产呢？并不是，因为熊大叔的哥哥还有子女，虽然哥哥已经去世，但是其子女仍有继承权。《民法典》第一千一百二十八条第二款规定：**被继承人的兄弟姐妹先于被继承人死亡的，由被继承人的兄弟姐妹的子女代位继承。**

如果熊大叔的侄子、侄女放弃继承，那么，它就成为无人继承的遗产。《民法典》第一千一百六十条规定：**无人继承又无人受遗赠的遗产，归国家所有，用于公益事业；死者生前是集体所有制组织成员的，归所在集体所有制组织所有。**

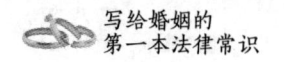

口头遗嘱很容易被认定无效

[导读] 遗嘱有多种形式，有文字形式的，也有口头形式的。那么，遗嘱人在什么情况下可以立口头遗嘱？在什么情况下，所立的口头遗嘱属于无效的呢？

生活中的故事：

周大爷有一个儿子、一个女儿。老伴去世后，周大爷由于和儿子的关系不融洽，他便一直跟着女儿生活。

一天，周大爷在楼下遛弯时突发心脏病，被邻居和女儿送至医院抢救。抢救前，周大爷当着邻居和女儿的面交代后事，表示名下的房产和5万元存款全部留给女儿，与儿子没有任何关系。

幸运的是，因为抢救及时，周大爷转危为安。之后在女儿的悉心照料下，他的身体逐渐恢复健康。

一年后，周大爷再次突发心脏病，因抢救无效去世。办理完周大爷的后事，儿子提出要继承周大爷留下的房产和存款，还说妹妹已经出嫁，没有权利继承父亲的遗产。

女儿："爸爸曾经留下遗嘱，说房子和存款都留给我，当时有邻居作证。"

儿子："那你把遗嘱拿出来。"

女儿："那是爸爸的口头遗嘱。"

儿子："口说无凭，我认为爸爸根本没有留下遗嘱，你这属于胡搅蛮缠。"

随后，女儿诉至法院，请求依照父亲的口头遗嘱，自己全额继承父亲留下的房产和存款。

吴律师解读：

其实，两个人的说法都是错误的。

《民法典》第一千一百三十八条规定：**遗嘱人在危急情况下，可以立口头遗嘱。口头遗嘱应当有两个以上见证人在场见证。危急情况消除后，遗嘱人能够以书面或者录音录像形式立遗嘱的，所立的口头遗嘱无效。**

周大爷在第一次突发心脏病的危急情况下立下口头遗嘱，且有两个以上见证人在场，这个口头遗嘱具有法律效力。经过抢救，周大爷的危急情况被解除，他应当采用书面或者录音录像等方式重新立遗嘱，废除前面所立的口头遗嘱。

不过，周大爷没有另立遗嘱，所以其遗产应该按照法定继承来分配。按照有关规定，女儿履行了主要赡养义务，不仅可以分得遗产，还可以适当多分。

当然，口头遗嘱形成有效还有一个必要条件，即遗嘱的见证人与继承关系当事人无利害关系。《民法典》第一千一百四十条规定：

下列人员不能作为遗嘱见证人：（一）无民事行为能力人、限制民事行为能力人以及其他不具有见证能力的人；（二）继承人、受遗赠人；（三）与继承人、受遗赠人有利害关系的人。

这说明，口头遗嘱的继承人又是见证人，遗嘱是无效的；见证人是继承人的配偶、子女，遗嘱也是无效的。

接受或拒绝遗赠的表示

[导读] 自然人可以通过遗嘱的方式把遗产留给法定继承人，也可以把遗产留给非法定继承人或国家。后者，被称为遗赠。

现实生活中，有很多受遗赠人一开始口头表示放弃继承，过后又要求继承遗产的情况。所以，在法律上，对于接受或拒绝遗赠给出了明确的时间限制。

生活中的故事：

李大叔年近七十岁，一个人生活了十几年，前妻带着孩子早已再婚，彼此来往不多。近几年，李大叔的身体大不如前，疾病缠身，每个月的退休金几乎都买了药品，生活比较拮据。

李大叔有一个哥哥，兄弟俩感情不错，侄子对他也挺好，逢年过节都来探望。李大叔生病之后，侄子更加积极主动地来照顾，时常拿着营养品来探望他。后来，李大叔住进了养老院，侄子的探望也没有断过。

李大叔深知自己的健康状况越来越糟，担心哪一天突然就去世了。于是，他写下遗嘱，说明将名下的房产留给侄子，还到公证机关进行了公证。

李大叔病危时，将哥哥和侄子叫到身边，拿出已经公证过的遗嘱，说："大侄子，你是个孝顺的孩子，我死后，遗产都留给你了。"

侄子感叹地说："叔叔，我孝顺您是应该的，我不能要您的一分钱。"

李大叔坚持把遗产都留给侄子，让他把遗嘱收好。

不久，李大叔就去世了。又过了一段时间，李大叔的前妻和儿子回到这里，要求继承其全部遗产。得知李大叔把遗产留给侄子后，儿子一气之下告上法庭。

法院经过审理做出如下判决：作为受遗赠人，李大叔的侄子在知道受遗赠后六十日内没有做出接受或放弃的表示，应当视为放弃受遗赠。因此，李大叔的儿子作为法定继承人将继承其全部遗产。

吴律师解读：

为什么会有这样的结果？

《民法典》第一千一百二十四条规定：**继承开始后，继承人放弃继承的，应当在遗产处理前，以书面形式作出放弃继承的表示；没有表示的，视为接受继承。**

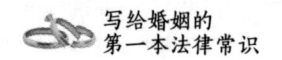

受遗赠人应当在知道受遗赠后六十日内，作出接受或者放弃受遗赠的表示；到期没有表示的，视为放弃受遗赠。

案例中，侄子知道李大叔将全部遗产留给了自己，但是在六十日内并没有作出接受遗赠的表示，所以法院判定其放弃了接受遗赠。

那么，李大叔的侄子接受遗赠，如何表示接受才具有法律效力呢？

1.口头表示接受。可以向不特定第三人作出接受遗赠的意思表示，如李大叔身边的护理人员、李大叔的哥哥，或者其法定继承人、利害关系人。

2.书面表示接受。向公证机关提出办理继承遗赠的申请，这时需要提交申请文件和公证过的遗嘱。

我国法律没有明确规定需要以什么方式表示接受遗赠，但是之后涉及诉讼的话，需要受遗赠方证明自己接受遗赠。所以，我们最好用书面方式表示接受。

遗赠扶养协议：可否把遗产留给保姆

[导读] 什么是遗赠扶养协议？简单来说，就是遗赠人与扶养人签订的由扶养人承担遗赠人生养死葬的义务，遗赠人将自己合法财产的一部分或全部于其死后转移给扶养人所有的协议。

只要不违反国家法律规定，不损害公共利益，不违反社会道德准则，那么协议一经签订就具有法律约束力，任何一方都不能随意变更或解除。

生活中的故事：

丁大爷的老伴去世较早，他没有选择再婚，一个人把一儿一女抚养、教育长大成人。后来，儿子出国留学，女儿嫁到外地，此时已经退休的丁大爷便请了保姆张阿姨到家里照顾自己。

张阿姨为人和善，认真负责，将丁大爷照顾得非常好。

后来，丁大爷患上轻度脑血栓，行动不便，想让儿子或女儿照顾自己。但是两人都有困难，短时间内不能回到丁大爷身边。

丁大爷很寒心，为了让张阿姨安心留下来照顾自己，便让律师起草了一份遗赠扶养协议，协议内容为：张阿姨若是能用心照顾自己，等自己过世后，名下的一套房产和所有存款都归张阿姨所有。

此后，张阿姨一直尽心照顾丁大爷。过了几年，丁大爷去世，他的儿子、女儿要求张阿姨搬出父亲的房子，并且归还父亲名下的存款。

张阿姨拿出签好的协议，说："丁大哥和我签下了协议，现在这些遗产都归我继承。"

丁大爷的儿子："不可能！你只是保姆，和我们家非亲非故，我父亲怎么可能把遗产留给你？"

张阿姨："这些年，你们没有照顾过父亲，都是我一个人在照

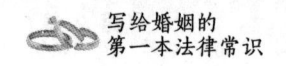

顾他、陪伴他。"

丁大爷的儿子："你是保姆,那是你的职责,而且我们也给你支付工资了!你肯定是用了什么手段让我爸爸把存款留给你,这样的诈骗行为是违法的。"

> 法院判定：遗赠扶养协议具有法律效力,且从法律效力来看,遗赠扶养协议>遗嘱继承>法定继承。

接下来,丁大爷的儿女和张阿姨争论不断,他们还指责张阿姨不怀好心,名义上是做保姆,事实上是诈骗老人的财产。随后,他们将张阿姨告上法庭,要求返还父亲的房产和存款。

然而,让他们没想到的是,法院判定丁大爷的遗产归张阿姨所有。

吴律师解读:

遗产可以留给保姆吗?当然可以。

《民法典》第一千一百三十三条规定：**自然人可以依照本法规定立遗嘱处分个人财产，并可以指定遗嘱执行人。**

自然人可以立遗嘱将个人财产指定由法定继承人中的一人或者数人继承。

自然人可以立遗嘱将个人财产赠与国家、集体或者法定继承人以外的组织、个人。

自然人可以依法设立遗嘱信托。

自然人可以根据自己的意愿处理遗产。案例中，丁大爷立下遗嘱将遗产留给照顾、扶养自己的保姆张阿姨，这是符合法律规定的。

同时，这还涉及了遗赠扶养协议。《民法典》第一千一百五十八条规定：**自然人可以与继承人以外的组织或者个人签订遗赠扶养协议。按照协议，该组织或者个人承担该自然人生养死葬的义务，享有受遗赠的权利。**

张阿姨与丁大爷签订了遗赠扶养协议，也履行了协议规定的义务，所以她有接受遗赠的权利。